# Anniks Lieblingskuchen

# Anniks Lieblingskuchen

Text und Fotografie: Annik Wecker

# Inhalt

## Schnell

Manchmal muss es einfach schnell gehen. Das bedeutet aber nicht, dass der Geschmack zu kurz kommt. Wem läuft bei Weißweinkuchen mit Trauben oder Frischkäsestrudel mit Aprikosen nicht das Wasser im Mund zusammen?

## Alltäglich

Es gibt viele Klassiker, die wir alle schon als Kinder gern gegessen haben: Bienenstich und Mohnkuchen, Buchteln und Blechkuchen. Doch auch die variable Tarte ist ein alltagstaugliches Backwerk, weil sie sich gut vorbereiten lässt.

## Außergewöhnlich

Marmorkuchen war gestern. Geschmacksartisten werden an Avocadokuchen und Jasminreistarte genauso Gefallen finden wie am Couscouskuchen mit Feigen.

## Prächtig

Das sind Torten, mit denen man Furore macht. Genau das Richtige, wenn's mal protzig sein darf. Schokolade, Karamell, Buttercreme und Marzipan in Kombination mit verschiedenen Fruchtaromen schmecken einfach unwiderstehlich.

## Besondere Anlässe

Weihnachten, Ostern und Geburtstage sind die klassischen Tage für einen besonderen Kuchen. Doch auch an Halloween und an die Taufe, ans Versöhnungsfest und den Valentinstag ist gedacht.

## Basiswissen

# Kuchenlust und Backvergnügen

Seit meinem ersten Backbuch sind nun schon einige Jahre ins Land gezogen, doch Backen ist immer noch meine größte Leidenschaft und meine Lust am süßen Leben ungebrochen. Viel ist in der Zwischenzeit geschehen, und natürlich habe ich mich und meine Rezepte weiterentwickelt. Es war in meinen Augen einfach Zeit für ein neues Buch mit leckeren Kuchen und Torten – meine aktuellen Lieblingskuchen eben.

Die neuen Rezepte sind für mich etwas ganz Besonderes, denn sie sind im ständigen Dialog mit meinen Nachbäckern und Freunden entstanden – dem Internet sei Dank. Ich bekomme auf meiner Internetseite, über Facebook und E-Mail ständig Feedback zu meinem Backwerk, und natürlich werden auch Wünsche für neue Kuchen und Torten an mich herangetragen. Die Flockentorte beispielsweise ist so ein »Wunschkind«. Für diese Möglichkeiten bin ich sehr dankbar, denn sie stellen sicher, dass die Kuchen und Rezepte laufend verbessert werden und dass sich mein Horizont in Sachen Backen erweitert. Viele meiner »Stammkunden« vergleichen meine Kuchen und Torten mit denen anderer Bäcker und Bäckerinnen – das spornt mich an, auf der Suche nach neuen Zutaten und Kombinationsmöglichkeiten am Ball zu bleiben.

Für dieses Buch habe ich eine ziemlich klassische Einteilung der Rezepte ausgewählt. Das erste Kapitel ist den schnellen Kuchen gewidmet, denn viel Zeit für das Backen haben im normalen Alltagsbetrieb die wenigsten Menschen. Das soll aber kein Hinderungsgrund dafür sein, öfter mal einen leckeren Kuchen auf den Kaffeetisch zu bringen. Es findet sich dort für jede Gelegenheit und jeden Geschmack etwas Gutes – von der Schokoladentorte über die Biskuitrolle bis zum Apfelkuchen.

Alltagsbäckerei bedeutet meist Backen für die Familie. Hier finden sich viele klassische Rezepte für Rhabarberkuchen und Bienenstich, für Blechkuchen mit Obst und allerlei Tartes. Es gibt aber auch Gebäck, das als süßes Hauptgericht taugt, wie z. B. die Buchteln mit Zwetschgen und Zuckerkruste.

Dem Außergewöhnlichen, den besonderen Aromen und Zusammenstellungen gilt noch immer meine große Leidenschaft. Im dritten Kapitel gibt es Rezepte mit ungewöhnlichen Backzutaten wie Avocados, Couscous oder Reis – da sind ziemlich spannende Kuchen dabei! Aber keine Angst vor gewagten Experimenten, schmecken tun sie alle.

Ein ausgiebiges Tortenkapitel mit tollen Dekorationen darf bei meinen Lieblingskuchen selbstverständlich nicht fehlen. Dieses Backwerk produziert man nie einfach so nebenbei und im Handumdrehen, sondern meist für einen festlichen Anlass – oder weil man mit seinen Fähigkeiten Eindruck machen möchte. Wer einen prächtigen Kuchen zum »Protzen« sucht, ist hier also genau richtig.

Daneben gibt es bestimmte Feiertage und Gelegenheiten, bei denen ganz Spezielles gefragt ist. Eine kleine Auswahl zumeist wenig aufwendiger Rezepte finden sich im letzten Kapitel dieses Buchs. Darin wird vor allem gezeigt, wie man mit einfachen Mitteln das passende Gebäck für den entsprechenden Anlass zaubert. Meine Rezeptauswahl orientiert sich natürlich an meinen Vorlieben und Vorstellungen, doch ich hoffe sehr, dass ich damit auch Ihren Geschmack getroffen habe.

Am Ende eines jeden Kapitels stehen zudem zwei bis drei Sonderdoppelseiten, bei denen aus einem Teig beziehungsweise einer Teigsorte jeweils zehn verschiedene Kuchen gebacken werden, angefangen bei einer einfachen Variante. Dort findet man Rezepte für verschiedene Gugelhupfe, Tartes mit allerlei Füllungen, die verrücktesten Käsekuchen, feine Panna-Cotta-Torten für besondere Gelegenheiten und Mottokuchen aus Rührteig für die verschiedensten Anlässe. Mit ein bisschen Fantasie lassen sich aus einem Rezept viele ganz unterschiedliche Kuchen backen – damit möchte ich Sie ein bisschen dazu verführen, eigene Ideen zu entwickeln und umzusetzen.

Seit März 2013 betreibe ich ein Café in Schwabing und habe dadurch meinen Finger direkt am Puls der Münchner Naschkatzen-Szene. Dort sehe ich sofort, was gut ankommt. Auch diese Anregungen sind sofort in die Rezepte eingeflossen. Zudem merke ich beim täglichen Backen auf der Stelle, wenn etwas verbessert werden kann: So ungefähr zehn Kuchen verlassen im Augenblick jeden Tag meinen Backofen, da kommt schon eine ganze Menge zusammen.

Auch dieses Mal habe ich alle Kuchen selbst in meinem Minigarten bei Tageslicht fotografiert. Da ist nichts lackiert oder aufgepeppt, sondern alles so, wie es bei mir aus dem Ofen kommt. Auch meine Freude am Dekorieren und an schönen Accessoires konnte ich dabei wieder voll ausleben.

Meine Familie hat sich inzwischen wohl damit abgefunden, dass sie mein Leben mit meiner Backleidenschaft teilen muss. Schließlich profitieren mein Mann und meine Söhne ja auch ein bisschen davon. Einige ihrer Lieblingsrezepte sind ebenfalls in diesem Buch zu finden, meist sind das ganz einfache Sachen.

Ich wünsche Ihnen ganz viel Freude beim Schmökern und Nachbacken.

*Ihre Annik Wecker*

# Erst lesen, dann backen

## Zutaten

Butter zum Ausbuttern der Formen und Mehl für die Arbeitsfläche werden bei den Zutaten nicht gesondert aufgeführt.

Wenn nicht anders angegeben, sollten alle Zutaten Zimmertemperatur haben.

Gebacken wurde, soweit nicht anders angegeben, mit Bio-Eiern der Größe L.

Die Eier, vor allem für Füllungen und Cremes, die nicht mehr gebacken werden, müssen unbedingt ganz frisch sein.

Alkohol kann beim Backen für Kinder einfach weggelassen werden. Gegebenenfalls durch ein anderes Aroma (Zitrone, Orange, Vanille, Zimt) ersetzen.

## Richtig Backen

Gerührt und geknetet werden Massen und Teige mit dem Handrührgerät (Rührstäbe und Knethaken) oder der Küchenmaschine.

Ausgerollt wird Teig mit einem Nudelholz auf der bemehlten Arbeitsfläche oder zwischen zwei Lagen Frischhaltefolie bzw. Backpapier

Gebacken wird – soweit nicht anders angegeben – bei Ober-/Unterhitze und jeweils nur 1 Backblech. Wer es eilig hat, kann auch mehrere Bleche gleichzeitig in den Ofen schieben und dann mit Umluft backen. (Temperatur für Ober-/Unterhitze minus 20 Grad!) Das Backergebnis fällt allerdings nicht so einheitlich aus. Deswegen zwischendurch die Bleche auf den Einschüben austauschen.

Kuchen lässt man zunächst ein paar Minuten in der Form abkühlen, löst dann mit einem Messer den Rand, stürzt den Kuchen auf ein Brett oder einen Teller und stellt ihn zum vollständigen Abkühlen auf ein Kuchengitter.

Torten mit fester Cremefüllung gehören bis zum Servieren in den Kühlschrank.

Weitere Backtipps sowie Grundteige finden sich im Anhang ab Seite 246.

# Die 10 beliebtesten Kuchen aus Anniks Café

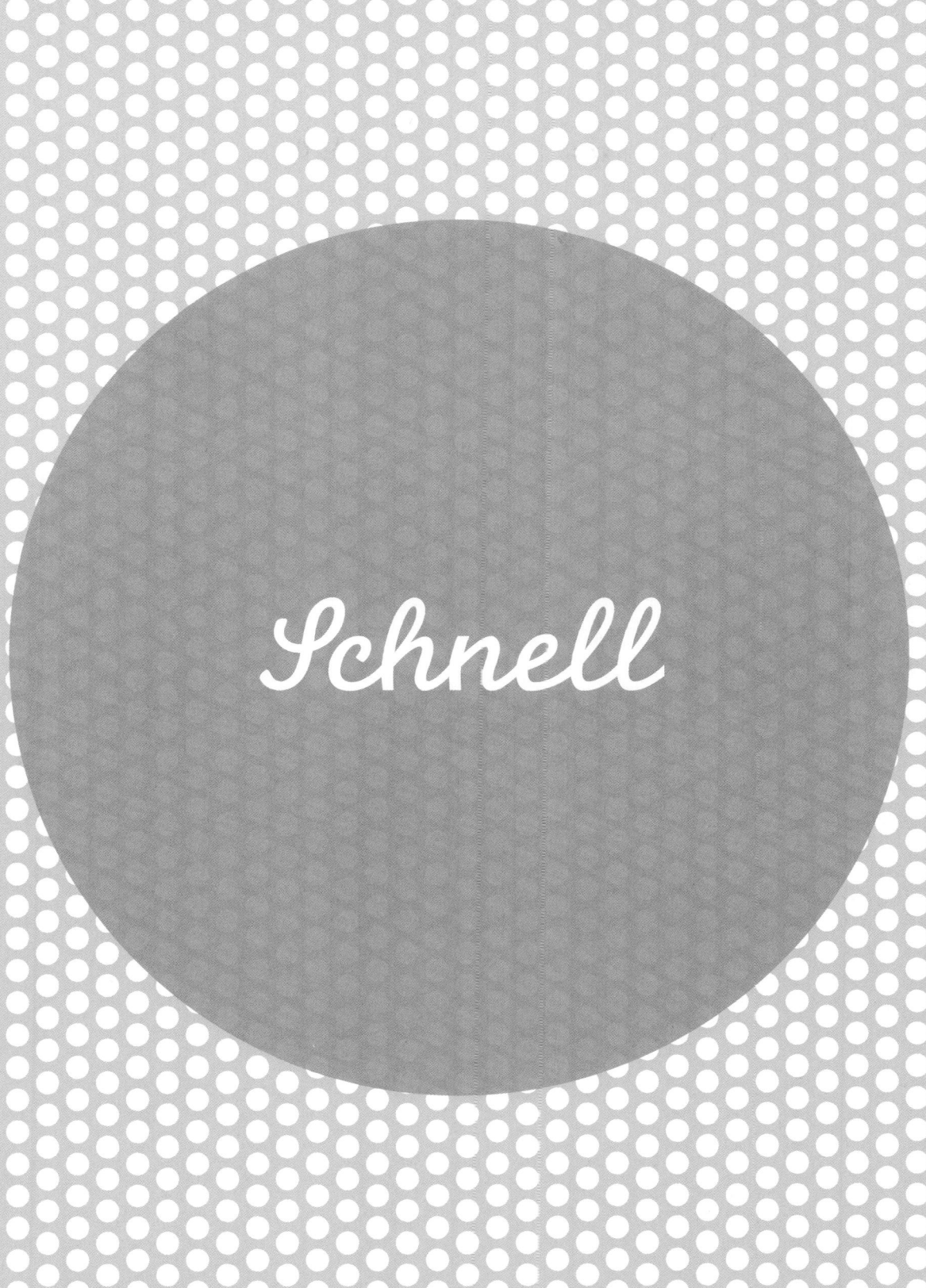

Schnell

# Holländische Kirschtorte

1 Backblech, 35 × 45 cm
1 Tortenring, 26 cm Ø
1 Spritzbeutel, 12 mm Lochtülle

| | |
|---:|:---|
| 400 g | Blätterteig |
| 1 Glas | Sauerkirschen (350 g) |
| 2 EL | Speisestärke |
| 100 g | Zucker |
| 1 Prise | gemahlener Zimt |
| 750 g | Sahne |
| 1 Päckchen | Sahnesteif |

*einfach*

Backofen auf 220 °C Ober-/Unterhitze vorheizen. Blätterteig in kleine Stücke schneiden und wieder zusammenkneten. So werden die Fettschichten zerstört, und er geht beim Backen nicht so stark auf. Den Teig in drei Teile teilen. Jedes Teigstück auf einem bemehlten Blatt Backpapier zu einem Kreis (26 cm Ø) ausrollen. Etwas ruhen lassen. Die Böden nacheinander auf einem Backblech im Ofen auf mittlerer Schiene 10 Minuten backen.

Für die Füllung die Kirschen abtropfen lassen und den Saft auffangen. 200 ml Saft abmessen. 4 EL Kirschsaft, die Speisestärke, 50 g Zucker und den Zimt verrühren. Restlichen Kirschsaft aufkochen, die Speisestärkemischung einrühren und noch einmal kurz aufkochen. Vom Herd nehmen, die Kirschen unterrühren und abkühlen lassen.

Sahne mit dem restlichen Zucker (50 g) halb steif schlagen, Sahnesteif einrieseln lassen und steif schlagen. Einen Boden auf eine Kuchenplatte legen und einen Tortenring darum stellen. Den Boden dünn mit Sahne bestreichen und die Kirschen darauf verteilen. Den zweiten Boden darauflegen und etwas andrücken. Zwei Drittel der restlichen Sahne darauf verteilen.

Den Tortenring entfernen und den Rand mit Sahne bestreichen. Etwas Sahne für die Tupfen aufheben. Den dritten Boden in 8 Kuchenstücke schneiden und diese Stücke auf die Torte legen. Die restliche Sahne in einen Spritzbeutel füllen und Tupfen auf den Rand der Kuchenstücke spritzen.

# Mascarponetarte mit Himbeerglasur

**1 Springform, 24–26 cm Ø**

| | |
|---|---|
| 100 g | Butter |
| 200 g | Amarettini |
| 5 Blatt | Gelatine |
| 500 g | Mascarpone |
| 500 g | Quark |
| 100 g | Zucker |
| 2 EL | Zitronensaft |
| 300 g | Himbeerkonfitüre ohne Kerne |

Den Boden einer Springform mit Backpapier auslegen. Die Butter zerlassen. Die Amarettini in einen Gefrierbeutel geben und mit dem Nudelholz zerkrümeln oder in der Küchenmaschine zermahlen. Die Kekskrümel mit der Butter verrühren. Die Masse auf dem Boden der Springform festdrücken.

Für den Belag Gelatine in etwas kaltem Wasser einweichen. Mascarpone, Quark und Zucker verrühren. Den Zitronensaft erwärmen und die ausgedrückte Gelatine darin auflösen. Einige Esslöffel der Creme hineinrühren. Gelatinemischung mit der restlichen Creme verrühren. Die Creme auf dem Boden verteilen und im Kühlschrank 2 Stunden fest werden lassen.

Die Konfitüre in einem Topf etwas erwärmen, sodass sie glatt wird. Auf die Tarte gießen und verteilen. Die Konfitüre fest werden lassen. Erst kurz vor dem Servieren die Form entfernen.

*ohne Backen*

# Joghurttorte mit Pfirsichen

*Diese Joghurttorte wird nicht gebacken, sondern gekühlt und lässt sich ganz einfach variieren. Als Früchte eignen sich ebenso alle Beerensorten oder Aprikosen. Auch mit der Sirupsorte lässt sich ganz nach Geschmack und Laune experimentieren.*

**1 Springform, 24–26 cm Ø**

| | |
|---|---|
| 200 g | Puffreis mit Schokoladenüberzug (z. B. Nippon) |
| 500 g | Pfirsiche (oder 1 große Dose Tortenpfirsiche) |
| 8 Blatt | Gelatine |
| 500 g | griechischer Joghurt (10 % Fett) |
| 200 ml | Holunderblütensirup |
| ¼ TL | gemahlene Vanille |
| 40 ml | Zitronensaft |
| 200 g | Sahne |
| 2 TL | Kakao |

Den Boden einer Springform mit Backpapier auslegen. Den Puffreis in eine Metallschüssel bröckeln und über dem Wasserbad schmelzen. Herunternehmen und den Puffreis auf den Springformboden drücken. Im Kühlschrank 15 Minuten fest werden lassen.

Für die Füllung Pfirsiche in heißem Wasser blanchieren, häuten, verteln, entsteinen und in kleine Würfel schneiden. (Dosenpfirsiche gut abtropfen lassen und in kleine Würfel schneiden.) Gelatine in etwas kaltem Wasser einweichen. Joghurt, Holunderblütensirup und Vanille glatt rühren. Zitronensaft erwärmen (nicht kochen) und die ausgedrückte Gelatine darin auflösen. 3 EL der Joghurtmasse zum Zitronensaft geben und verrühren, dann den restlichen Joghurt einrühren.

Sahne steif schlagen und unter die Joghurtmasse heben. Pfirsichwürfel ebenfalls unterheben. Die Füllung auf dem Boden verteilen und glatt streichen. Im Kühlschrank 2 Stunden fest werden lassen. Die Springform entfernen. Eine Schablone auf die Torte legen und mit Kakao bestäuben.

**Variante:** Für eine **Rosentorte** den Holunderblütensirup durch Rosenblütensirup ersetzen. Statt der Pfirsiche passen auch hier Beeren und Aprikosen.

*glutenfrei*

# Knusperkuchen mit Beeren

**1 Springform, 24–26 cm Ø**

| | |
|---|---|
| 275 g | weiße Schokolade |
| 100 g | Cornflakes |
| 100 g | Mandelblättchen |
| 200 g | Sahne |
| 250 g | Mascarpone |
| ¼ TL | gemahlene Vanille |
| | Beeren nach Geschmack |

Den Boden einer Springform mit Backpapier auslegen. Schokolade in eine Metallschüssel bröckeln und über dem Wasserbad schmelzen. Herunternehmen, Cornflakes und Mandelblättchen unterrühren. Die Masse auf dem Boden der Springform verteilen. 1 Stunde im Kühlschrank fest werden lassen.

Den Boden aus der Form lösen und auf eine Kuchenplatte legen. Die Sahne steif schlagen. Den Mascarpone mit der Vanille glatt rühren und die Sahne unterheben. Die Creme auf dem Boden verteilen. Beeren auf der Creme verteilen.

*ohne Backen*

# Streuselkuchen vom Blech

*Ein toller Ganzjahreskuchen mit Obst der Saison. Meine Kinder mögen ihn allerdings ganz ohne Früchte am liebsten.*

**1 Backblech oder 1 Backrahmen, 35 × 45 cm**

| | |
|---|---|
| 1 kg | Obst nach Wahl (z. B. Aprikosen, Johannisbeeren, Kirschen, Blaubeeren, Äpfel, Birnen) |
| 320 ml | Buttermilch |
| 4 | Eier |
| ¼ TL | gemahlene Vanille |
| 660 g | Mehl |
| 320 g | Zucker |
| 6 | gestrichene TL Backpulver |
| ½ TL | Salz |
| 260 g | kalte Butter |

Backofen auf 175 °C Ober-/Unterhitze vorheizen. Ein Backblech mit Backpapier auslegen oder einfetten. Obst gegebenenfalls schälen, entkernen und klein schneiden. Buttermilch, Eier und Vanille in einer Schüssel verrühren.

Mehl, Zucker, Backpulver und Salz in einer zweiten Schüssel vermischen. Die Butter in kleinen Stücken dazugeben und alles zu einem Streuselteig verarbeiten. Das geht am besten mit den Händen oder mit der Küchenmaschine. Ein Drittel der Streusel (420 g) beiseitestellen. Den Rest mit der Buttermilchmischung zu einem Teig verrühren.

Den Teig auf das Blech oder in den Backrahmen geben. Mit dem Obst belegen und mit den beiseitegestellten Streuseln bestreuen. Im Ofen auf mittlerer Schiene 35–40 Minuten backen. Herausnehmen und auf einem Kuchengitter abkühlen lassen.

**Tipp:** Verschiedene Obstsorten auf einem Kuchen verwenden, dann kann sich jeder sein Lieblingsstück aussuchen.

*einfach*

# Luftiger Käsekuchen ohne Boden

*Mich begeistern oft einfache und schlichte Kuchen. An diesem Käsekuchen gefällt mir die luftige Konsistenz ganz besonders gut. Wem er zu langweilig ist, der peppt ihn mit einer Fruchtsauce auf.*

**1 Springform, 24–26 cm Ø**

| | |
|---|---|
| 4 | Eier |
| 2 | Bio-Zitronen |
| 450 g | Frischkäse |
| 200 g | weiche Butter |
| 200 g | Zucker |
| ¼ TL | gemahlene Vanille |
| 150 g | Speisestärke |
| 2 TL | Backpulver |
| ¼ TL | Salz |
| | Puderzucker zum Bestäuben |

Backofen auf 175 °C Ober-/Unterhitze vorheizen. Eine Springform einfetten. Eier trennen. Von den Zitronen die Schale abreiben und den Saft auspressen. Frischkäse, Butter und die Hälfte des Zuckers (100 g) glatt rühren. Eigelbe, Zitronenschale, 50 ml Zitronensaft und die Vanille untermengen. Speisestärke mit Backpulver mischen und ebenfalls einrühren.

Eiweiße mit dem Salz steif schlagen, dabei den restlichen Zucker (100 g) einrieseln lassen und weiterschlagen, bis ein glänzender Eischnee entstanden ist. Eischnee unter die Frischkäsemasse heben. Den Teig in die Springform geben. Im Ofen auf mittlerer Schiene 50 Minuten backen. Herausnehmen und abkühlen lassen, erst dann aus der Form lösen. Vor dem Servieren mit einer Schablone und Puderzucker bestäuben.

**Tipp:** Ich backe Käsekuchen besonders gern im Wasserbad (Seite 26). Sie fallen dann nach dem Backen nicht zusammen und sind von wunderbar weicher Konsistenz.

**Variante:** Für einen schnellen **Käsekuchen mit Früchten** 300 g Beeren oder Fruchtstückchen nach Wunsch am Schluss unter die Frischkäsemasse heben. Besonders gut eignen sich dafür Himbeeren, Blaubeeren, Johannisbeeren oder Rhabarber.

*glutenfrei*

# Zitronenkuchen

*Das Rezept ist einfach, aber es gibt riesige Unterschiede zwischen Zitronen-kuchen und Zitronenkuchen. Dieser hat eine saftige Konsistenz und schmeckt schön zitronig. Ganz wichtig: frisch gepressten Saft verwenden und die Zitronenschale fein reiben. Die meisten Leute kennen den Kuchen nur aus Backmischungen und sind vom natürlichen Geschmack total begeistert.*

**1 Kastenform, 30 cm lang**

| | |
|---|---|
| 3–4 | Bio-Zitronen |
| 240 g | weiche Butter |
| 200 g | Zucker |
| ¼ TL | gemahlene Vanille |
| 4 | Eier |
| 260 g | Mehl |
| 2 TL | Backpulver |
| ¼ TL | Salz |
| 200 g | Puderzucker |
| | Zitronenzesten zum Bestreuen |

Backofen auf 175 °C Ober-/Unterhitze vorheizen. Kastenform einfetten. Schale von 1 Zitrone abreiben, den Saft aller Zitronen auspressen. Gebraucht werden etwa 100 ml.

Butter, Zucker und Vanille in einer Schüssel schaumig schlagen. Eier einzeln gut einrühren. Die Zitronenschale untermengen. Mehl und Backpulver in eine zweite Schüssel sieben und das Salz einrühren. Abwechselnd mit 60 ml Zitronensaft unter die Buttermasse rühren.

Den Teig in die Kastenform geben. Im Ofen auf mittlerer Schiene 50–55 Minuten backen. (Garprobe machen, Seite 246). Heraus-nehmen, etwas abkühlen lassen, aus der Form lösen und auf einem Kuchengitter ganz abkühlen lassen.

Für die Glasur den Puderzucker mit 40 ml Zitronensaft glatt rühren. Ist sie zu flüssig, etwas mehr Puderzucker zugeben. Ist sie zu fest, etwas mehr Zitronensaft. Die Glasur auf dem Kuchen verteilen, mit Zitronenzesten bestreuen und fest werden lassen.

*einfach*

# Grießkuchen mit Obst

*Dieser Kuchen schmeckt lecker, geht wirklich blitzschnell und ist super, um Obstreste zu verwerten. Man kann statt Grieß auch Polenta nehmen.*

**1 Tarteform, 28 cm Ø**

| | |
|---|---|
| 220 g | weiche Butter |
| 220 g | Zucker |
| ¼ TL | gemahlene Vanille |
| 3 | Eier |
| 225 g | Mehl |
| 100 g | Weizengrieß |
| 1 Prise | Salz |
| 500 g | gemischte Beeren oder andere Früchte nach Wunsch |

Backofen auf 180 °C Ober-/Unterhitze vorheizen. Eine Tarteform einfetten. Butter, 200 g Zucker und Vanille in einer Schüssel schaumig schlagen. Eier einzeln gut einrühren. Mehl, Grieß und Salz in einer zweiten Schüssel mischen und ebenfalls einrühren. Früchte vorbereiten, gegebenenfalls schälen und klein schneiden.

Den Teig in die Tarteform füllen und die Früchte darauf verteilen. Mit dem restlichen Zucker (20 g) bestreuen. Im Ofen auf mittlerer Schiene 40–45 Minuten backen. Herausnehmen und in der Form auf einem Kuchengitter abkühlen lassen.

**Tipp:** Saure Früchte ruhig mit etwas mehr Zucker bestreuen.

# Nektarinen-Aprikosen-Tarte

*Diese Tarte mit fertigem Blätterteig schmeckt mit einem Klecks Sahne besonders lecker.*

**1 Backblech, 35 × 45 cm**

| | |
|---|---|
| 275 g | Blätterteig (aus dem Kühlregal) |
| 1 | Eiweiß |
| ½ | Bio-Zitrone |
| 125 g | gemahlene Mandeln |
| 125 g | Zucker |
| 1 | Ei |
| 300 g | Nektarinen |
| 200 g | Aprikosen |
| 1 EL | Rohrzucker |
| 100 g | Aprikosenkonfitüre |

Backofen auf 200 °C Ober-/Unterhitze vorheizen. Ein Backblech mit Backpapier auslegen. Die einzelnen Blätterteiglagen ausrollen. Ringsherum einen 1 cm breiten Streifen abschneiden. Die Ränder der Blätterteigplatte mit Eiweiß bepinseln, die Streifen darauflegen und ebenfalls mit Eiweiß bepinseln.

Für die Füllung Zitronenschale abreiben. Mandeln, Zucker und Zitronenschale verrühren. Mit dem Ei zu einer Paste verrühren und auf dem Blätterteigboden verteilen. Nektarinen und Aprikosen entkernen und in dünne Spalten schneiden. Die Spalten abwechselnd und leicht überlappend auf die Füllung legen.

Die Ränder des Blätterteigbodens mit Rohrzucker bestreuen. Im Ofen auf mittlerer Schiene 30 Minuten backen. Für die Glasur die Aprikosenkonfitüre vorsichtig erwärmen und durch ein Sieb streichen. Den Kuchen aus dem Ofen nehmen und die Früchte mit der Glasur bepinseln.

*laktosefrei*

# Traubenkuchen

**1 Springform, 26 cm Ø**

| | |
|---|---|
| 1 | Bio-Zitrone |
| 1 | Bio-Orange |
| 150 g | weiche Butter |
| 300 g | Zucker |
| 3 EL | Olivenöl |
| ¼ TL | gemahlene Vanille |
| 2 | Eier |
| 300 g | Mehl |
| 2 TL | Backpulver |
| 1 TL | Salz |
| 250 ml | Weißwein |
| 500 g | Weintrauben ohne Stängel |

Backofen auf 180 °C Ober-/Unterhitze vorheizen. Springform einfetten. Von der Zitrone und der Orange die Schale abreiben. 100 g Butter, 240 g Zucker, Olivenöl, Vanille, Zitronen- und Orangenschale in einer Schüssel schaumig schlagen. Die Eier einzeln gut einrühren. Mehl, Backpulver und Salz in eine zweite Schüssel sieben und abwechselnd mit dem Wein in den Teig rühren.

Den Teig in die Springform füllen. Die Trauben darauf verteilen. Im Ofen auf mittlerer Schiene 30 Minuten backen. Restliche Butter (50 g) zerlassen. Kuchen herausnehmen. Mit zerlassener Butter bestreichen und mit dem restlichen Zucker (60 g) bestreuen. Weitere 25 Minuten backen. Herausnehmen und etwas abkühlen lassen. Dann den Springformrand entfernen.

*ungewöhnlich*

# Himbeer-Brownies

*Die Brownies schmecken super und passen zu ganz vielen Gelegenheiten. Die Blondies (siehe Variante) funktionieren bei mir am besten mit tiefgekühlten Himbeeren – da verfärbt sich der Teig nicht.*

**1 quadratische Backform, 20 × 20 cm oder 1 Springform, 24 cm Ø**

| | |
|---|---|
| 175 g | Schokolade (60–70 % Kakaoanteil) |
| 150 g | Butter |
| 250 g | Zucker |
| ¼ TL | gemahlene Vanille |
| 4 | Eier |
| 100 g | Mehl |
| ¼ TL | Salz |
| 250 g | Himbeeren |

Backofen auf 160 °C Ober-/Unterhitze vorheizen. Backform mit Backpapier auslegen. Die Schokolade grob hacken und mit der Butter in einer Metallschüssel über dem Wasserbad schmelzen. Herunternehmen und den Zucker und die Vanille einrühren. Etwas abkühlen lassen.

Mit einem Schneebesen die Eier unter die Schokomasse rühren, anschließend das Mehl und das Salz. Zum Schluss die Himbeeren mit dem Teigspatel vorsichtig unterheben. In die Form füllen. Auf der mittleren Schiene 30 Minuten backen. Herausnehmen und auf einem Kuchengitter abkühlen lassen.

**Varianten:** Für **Himbeer-Blondies** weiße Schokolade statt dunkler und nur 200 g Zucker verwenden. Für **klassische Brownies** die Himbeeren weglassen.

*kurze Backzeit*

# Drei-Milch-Kuchen

*Diesen Kuchen habe ich zum ersten Mal in Argentinien gegessen. Ich fand ihn besonders lecker, weil er so saftig ist. Das kommt daher, dass er nach dem Backen mit drei verschiedenen Milcharten getränkt wird. Zuerst denke ich immer, dass der Kuchen die Flüssigkeit gar nicht aufnehmen kann, aber es funktioniert. Und es schmeckt unglaublich gut.*

**1 Auflaufform, 30 × 22 cm**

| | |
|---|---|
| 4 | Eier |
| 120 g | weiche Butter |
| 140 g | Zucker |
| ¼ TL | gemahlene Vanille |
| 180 g | Mehl |
| 1 TL | Backpulver |
| ¼ TL | Salz |
| 250 ml | Milch |
| 300 g | gezuckerte Kondensmilch |
| 200 g | Kondensmilch |
| 200 g | Sahne |
| | Himbeeren oder Früchte nach Wunsch |

**kurze Backzeit**

Backofen auf 180 °C Ober-/Unterhitze vorheizen. Eine Auflaufform einfetten. Eier trennen. Butter und die Hälfte des Zuckers (70 g) schaumig rühren. Eigelbe einzeln gut einrühren, dann die Vanille. Mehl und Backpulver in eine zweite Schüssel sieben.

Eiweiße mit Salz steif schlagen, dabei den restlichen Zucker (70 g) einrieseln lassen und weiterschlagen, bis ein glänzender Eischnee entstanden ist. Ein Drittel des Eischnees, 50 ml Milch und die Mehlmischung in die Eimasse rühren. Restlichen Eischnee vorsichtig unterheben.

Teig in die Auflaufform geben. Im Ofen auf der mittleren Schiene 25 Minuten backen. Herausnehmen und mit einer Gabel oder einem Holzstäbchen mehrfach einstechen.

Gezuckerte Kondensmilch, Kondensmilch und restliche Milch (200 ml) verrühren. Nach und nach über den heißen Kuchen gießen, der die Flüssigkeit aufnimmt. Abkühlen lassen.

Vor dem Servieren die Sahne steif schlagen und auf dem abgekühlten Kuchen verteilen. Mit Himbeeren oder anderen Früchten verzieren.

**Variante:** Man kann den Kuchen auch mit Alkohol aromatisieren. Dafür 100 ml Amaretto, Rum oder Whisky unter die Milchmischung rühren und die Milchmenge auf 200 ml Milch reduzieren. Auch die steif geschlagene Sahne kann man mit 50 ml Alkohol aromatisieren.

# Buttermilchkuchen

**1 Backblech, 35 × 45 cm**

| | |
|---|---|
| 6 | Eier |
| 600 g | Zucker |
| ½ TL | gemahlene Vanille |
| 750 g | Mehl |
| 1 ½ | Päckchen Backpulver |
| ¼ TL | Salz |
| 750 ml | Buttermilch |
| 200 g | gehackte Mandeln |
| 500 g | Sahne |

Backofen auf 175 °C Ober-/Unterhitze vorheizen. Ein Backblech mit Backpapier auslegen oder einfetten. Eier, 450 g Zucker und ¼ TL Vanille in einer Schüssel schaumig schlagen. Mehl, Backpulver und Salz in eine zweite Schüssel sieben und abwechselnd mit der Buttermilch in den Teig rühren.

Den Teig auf dem Backpapier verteilen. Den restlichen Zucker (150 g) mit der restlichen Vanille (½ TL) und den Mandeln vermischen und alles gleichmäßig auf den Teig streuen. Im Ofen auf mittlerer Schiene 45 Minuten backen. Den Kuchen herausnehmen, mit einem Holzstäbchen Löcher hineinstechen und sofort mit der flüssigen Sahne begießen.

**Varianten:** Für einen **Kokoskuchen** die Buttermilch durch Kokosmilch ersetzen. Statt Mandeln für den Belag Kokosraspel verwenden.
Für einen **Kaffeekuchen** die Sahne für den Guss aufkochen und 4 TL Instant-Espressopulver darin auflösen.
Für einen **Rosmarinkuchen** die Sahne für den Guss mit 4 Zweigen Rosmarin aufkochen und die Zweige während der Backzeit darin ziehen lassen.
Für einen **Schokoladenkuchen** 100 g Mehl durch Kakao ersetzen.

# Schnelle Schokoladentorte

*Diese tolle Torte bekommt wirklich jeder hin. Sie schmeckt richtig schokoladig und macht sich gut als Mitbringsel oder auf einer festlichen Kaffeetafel.*

**1 Springform, 24–26 cm Ø**

| | |
|---|---|
| 500 g | Vollmilchschokolade |
| 550 g | Sahne |
| 4 | Eier |
| 150 g | Zucker |
| 100 g | Mehl |
| 1 Päckchen | Vanillepuddingpulver |
| 1 TL | Backpulver |
| 1 Prise | Salz |
| 12 | Konfektkugeln |

Schokolade zerbröckeln, mit 500 g Sahne in eine Metallschüssel geben und über dem Wasserbad schmelzen. Herunternehmen und Schokoladensahne in einen Rührbecher füllen. Über Nacht in den Kühlschrank stellen.

Backofen auf 180 °C Ober-/Unterhitze vorheizen. Nur den Boden der Springform einfetten. Eier und Zucker in einer Schüssel schaumig schlagen. Mehl, Puddingpulver, Backpulver und Salz über die Eimasse sieben und unterheben. Den Teig in die Springform füllen. Im Ofen auf mittlerer Schiene 25–30 Minuten backen. Herausnehmen und abkühlen lassen.

Den Boden zweimal waagerecht durchschneiden. Die Schokoladensahne aus dem Kühlschrank nehmen und steif schlagen. Den untersten Boden auf eine Kuchenplatte legen und mit einem Drittel der Creme bestreichen, den zweiten Boden darauflegen und mit dem zweiten Drittel der Creme bestreichen. Den letzten Boden darauflegen. Die Torte rundherum mit der restlichen Creme bestreichen.

Zum Verzieren die restliche Sahne (50 g) steif schlagen. 12 Tupfen auf die Torte spritzen und jeweils 1 Konfektkugel auf jeden Tupfen setzen.

# Friesentorte mit Cranberrysahne

*Im Norden Deutschlands, wo ich aufgewachsen bin, gibt es sie in allen möglichen Varianten auch beim Konditor zu kaufen. In Bayern dagegen habe ich sie noch nie in einer Bäckerei entdeckt. Schade. Die Torte ist ideal, wenn sich kurzfristig Besuch ankündigt oder mich spontan die Tortenlust packt.*

**1 Backblech, 35 × 45 cm**

| | |
|---|---|
| 550 g | Blätterteig |
| 1 | Eiweiß |
| 190 g | Zucker |
| 350 g | Cranberrys |
| 1 EL | Zitronensaft |
| 400 g | Sahne |
| 1 Päckchen | Sahnesteif |

mit Fertigteig

Backofen auf 200 °C Umluft vorheizen. Ein Backblech mit Backpapier auslegen. Aus dem Blätterteig 3 Kreise mit 24 cm Ø ausschneiden. Einen Kreis in 12 Kuchenstücke schneiden. Die Kuchenstücke mit Eiweiß bepinseln und mit 1 TL Zucker bestreuen. Die Böden nacheinander auf dem Backblech im Ofen jeweils 10 Minuten backen. Herausnehmen und abkühlen lassen.

Cranberrys, restlichen Zucker (180 g), Zitronensaft und 4 EL Wasser in einem mittelgroßen Topf erwärmen. Etwa 10 Minuten bei geschlossenem Deckel bei mittlerer Hitze kochen lassen, bis die Beeren weich sind und der Saft herausläuft. Den Topf vom Herd nehmen, alles durch ein Sieb streichen und abkühlen lassen.

Sahne mit dem Sahnesteif steif schlagen. Schlagsahne unter das Cranberrymus heben, sodass eine Marmorierung entsteht. Die Hälfte der Masse auf dem ersten Boden verteilen, den zweiten darauflegen und die restliche Masse daraufgeben. Die Kuchenstücke vom letzten Boden dekorativ auf der Torte verteilen. Sofort servieren, sonst weichen die Böden durch und die Sahne verliert an Stand.

**Varianten:** Statt Cranberrymus Pflaumenmus aus dem Glas, Lemon Curd, frische Früchte oder Konfitüre nach Wahl unter die Sahne mischen. Auch Nutella oder Nusskerne eignen sich. Köstlich schmeckt auch eine Puddingfüllung.

*glutenfrei*

# Apfel-Quark-Torte

**1 Springform, 24–26 cm Ø**

| | |
|---|---|
| 1 | Bio-Zitrone |
| 120 g | weiche Butter |
| 250 g | Zucker |
| 5 | Eier |
| 150 g | Naturjoghurt |
| 1 kg | Quark |
| ¼ TL | Salz |
| 1 Päckchen | glutenfreies Vanille-Puddingpulver |
| 2 EL | Speisestärke |
| 500 g | Äpfel |
| | Puderzucker zum Bestäuben |

Backofen auf 160 °C Ober-/Unterhitze vorheizen. Eine Spring-form einfetten. Die Schale der Zitrone abreiben und den Saft auspressen. Butter mit dem Zucker schaumig rühren. Eier ein-zeln gut einrühren. Zitronenschale und -saft dazugeben, dann Joghurt, Quark und Salz. Das Puddingpulver mit Speisestärke vermischen und unter die Masse rühren.

Die Äpfel schälen, das Kerngehäuse entfernen, reiben und unterheben. Die Masse in die Springform füllen. Im Ofen auf mittlerer Schiene etwa 90 Minuten backen, herausnehmen und abkühlen lassen. Vor dem Servieren mit Puderzucker bestäuben.

**Tipp:** Nicht alle, aber viele Puddingpulver sind glutenfrei. Deshalb beim Einkauf sorgfältig die Zutatenliste studieren.

klappt immer

# Beerentarte mit Sahneguss

*Wenn es mal schnell gehen soll, kann man ruhig auf das Blindbacken ver-*
*zichten. Bei dieser Tarte funktioniert das problemlos. Der Boden wird zwar*
*nicht ganz so kross, aber der Unterschied fällt kaum auf.*

**1 Tarteform, 28 cm Ø**

**Mürbeteig**

| | |
|---|---|
| 100 g | kalte Butter |
| 50 g | Puderzucker |
| ¼ TL | gemahlene Vanille |
| 1 | Ei, Größe S |
| 220 g | Mehl |
| 1 Prise | Salz |

**Guss**

| | |
|---|---|
| 70 g | Zucker |
| 3 | Eier |
| ¼ TL | gemahlene Vanille |
| 150 g | Sahne |
| 4 EL | Mehl |
| 400 g | gemischte Beeren |

Aus den Zutaten einen Mürbeteig zubereiten wie auf Seite 250 beschrieben. Mindestens 2 Stunden und maximal 4 Tage im Kühlschrank ruhen lassen.

Den Backofen auf 175 °C Ober-/Unterhitze vorheizen. Den Teig kurz temperieren lassen und die Tarteform damit auskleiden.

Für den Sahneguss alle Zutaten mit dem Schneebesen verrühren. Die Beeren auf dem Tarteboden verteilen und den Guss darübergeben. Im Ofen auf der mittleren Schiene 35 Minuten backen. Herausnehmen und abkühlen lassen.

**Varianten:** Für eine **Birnentarte** einen Mürbeteig herstellen wie oben beschrieben und die Tarteform damit auskleiden. Für die Mandelfüllung 180 g weiche Butter mit 150 g Zucker und 1 Prise Salz schaumig schlagen. 2 Eier einzeln gut einrühren. 200 g gemahlene Mandeln untermischen. Die Masse auf dem Tarteboden verteilen. 2 Birnen schälen, vierteln und entkernen. In Spalten schneiden und auf der Füllung verteilen. Im Ofen bei 175 °C Ober-/Unterhitze auf mittlerer Schiene 40–45 Minuten backen. Herausnehmen und abkühlen lassen.

Den Sahne- oder Mandelguss kann man natürlich auch mit anderen Früchten kombinieren. So kann man die Beerentarte auch mit Äpfeln machen und dem Guss dann noch etwas Zimt hinzufügen. Aprikosen oder Pfirsiche passen ebenfalls ausgezeichnet. Die Mandeltarte schmeckt auch gut mit Zwetschgen oder Rhabarber.

# Kokosrolle mit Raffaellos

**1 Backblech, 35 × 45 cm**

| | |
|---:|---|
| 4 | Eiweiß |
| 1 Prise | Salz |
| 225 g | Zucker |
| 50 g | Kokosraspel |
| 400 g | Sahne |
| 2 Päckchen | Sahnesteif |
| 16 | Raffaellos |

*einfach*

Backofen auf 180 °C Ober-/Unterhitze vorheizen. Backblech mit Backpapier auslegen. Eiweiße mit dem Salz steif schlagen, dabei den Zucker einrieseln lassen und weiterschlagen, bis ein glänzender Eischnee entstanden ist. Kokosraspel unterheben.

Die Masse auf dem Backpapier glatt streichen. Im Ofen auf mittlerer Schiene 15–20 Minuten backen, bis der Boden leicht gebräunt ist. Herausnehmen und den Biskuitboden mit dem Backpapier auf ein feuchtes Küchentuch ziehen, damit er formbar bleibt. Abkühlen lassen. Den Boden umdrehen und das Backpapier abziehen.

Sahne halb steif schlagen und das Sahnesteif einrieseln lassen, weiterschlagen, bis sie steif ist. Die Hälfte der Sahne auf dem Boden verteilen. 10 Raffaellos grob hacken und auf der Sahne verteilen. Von der breiten Seite her aufrollen und auf eine Kuchenplatte legen. Mit der restlichen Sahne rundherum bestreichen und mit den restlichen Raffaellos dekorieren.

**Variante:** Pralinen statt Raffaellos verwenden und die Kokosraspel durch gemahlene Nuss- oder Mandelkerne ersetzen.

*kalorienarm*

# Erdbeer-Galette

**1 Backblech, 35 × 45 cm**

**Mürbeteig**

| | |
|---|---|
| 100 g | kalte Butter |
| 50 g | Puderzucker |
| ¼ TL | gemahlene Vanille |
| 1 | Ei, Größe S |
| 220 g | Mehl |
| 1 Prise | Salz |

**Belag**

| | |
|---|---|
| 400 g | Erdbeeren |
| 2 EL | Zucker |
| 1 EL | Speisestärke |
| 1 | Eigelb |
| 1 EL | Rohrzucker |
| 1 EL | Butter |
| 10 | Basilikumblätter |

Aus den Zutaten einen Mürbeteig zubereiten wie auf Seite 250 beschrieben. Mindestens 2 Stunden und maximal 4 Tage im Kühlschrank ruhen lassen.

Backofen auf 180 °C Ober-/Unterhitze vorheizen. Ein Backblech mit Backpapier auslegen. Teig kurz temperieren lassen und zu einem Kreis von 32 cm Durchmesser ausrollen. Auf das Backpapier legen. Erdbeeren von den Kelchen befreien und in dünne Scheiben schneiden. Mit Zucker und Speisestärke vermischen und auf dem Teig verteilen. Dabei einen 2 cm breiten Rand frei lassen.

Den Rand umschlagen. Eigelb mit 1 EL Wasser verrühren und den Rand damit bepinseln. Mit Rohrzucker bestreuen. Butter in kleine Würfel schneiden und auf den Erdbeeren verteilen.

Im Ofen auf der mittleren Schiene 25–30 Minuten backen. Herausnehmen und abkühlen lassen. Basilikumblätter in dünne Streifen schneiden und vor dem Servieren über die Galette streuen.

**Tipp:** Nach dem Backen die Erdbeeren mit erwärmter Aprikosenmarmelade bestreichen. Das gibt schönen Glanz und einen tollen Geschmack. Geschlagene Sahne oder Mascarpone dazu servieren.

etwas
Besonderes

# Apfel-Schichtkuchen

*Warm schmeckt dieser Kuchen besonders fein. Zum Servieren gebe ich auf jedes Stück 1 Esslöffel Schmand oder Crème fraîche und bestreue es mit etwas Zimtzucker.*

**1 Springform, 26 cm Ø**

| | |
|---|---|
| 1 kg | Äpfel |
| 2 EL | Zitronensaft |
| 100 g | Crème fraîche |
| 150 g | weiche Butter |
| 250 g | Zucker |
| ¼ TL | gemahlene Vanille |
| 4 | Eier |
| 300 g | Mehl |
| 2½ TL | Backpulver |
| 1 TL | gemahlener Zimt |
| ¼ TL | Salz |
| 2 EL | Milch |
| 1 EL | Rum |
| 3 EL | Zimtzucker |

Backofen auf 175 °C Ober-/Unterhitze vorheizen. Eine Springform einfetten. Die Äpfel schälen, vierteln, dabei das Kerngehäuse entfernen, und in dünne Spalten schneiden. Apfelspalten mit dem Zitronensaft und der Crème fraîche vermischen und beiseitestellen.

Butter, Zucker und Vanille in einer Schüssel schaumig schlagen. Die Eier einzeln gut einrühren. Mehl, Backpulver, Zimt und Salz in eine zweite Schüssel sieben. Mehlmischung, Milch und Rum in die Butter-Ei-Masse rühren.

Ein Drittel des Teigs in der Springform verstreichen. Die Hälfte der Apfelfüllung auf dem Boden verteilen, gefolgt vom zweiten Drittel Teig, die restlichen Apfelspalten und schließlich dem restlichen Teig. Oberfläche glatt streichen.

Den Kuchen mit Zimtzucker bestreuen. Im Ofen auf der mittleren Schiene 70 Minuten backen. Herausnehmen und 15 Minuten in der Form abkühlen lassen. Den Springformrand entfernen und den Kuchen vollständig abkühlen lassen.

# Biskuitrolle mit Himbeeren

*Biskuitrollen sind schnell gemacht, und ich finde in meinem Vorrat eigentlich immer etwas, um sie zu füllen. So eignen sie sich gut, wenn sich kurzfristig Gäste ansagen und schnell ein Kuchen herbeigezaubert werden muss. Die Füllung variiere ich, indem ich die Früchte austausche.*

**1 Backblech, 35 × 45 cm**

*kurze Backzeit*

### Biskuit

| | |
|---|---|
| 5 | Eigelb |
| 80 g | Puderzucker |
| 4 | Eiweiß |
| 1 Prise | Salz |
| 40 g | Mehl |
| 40 g | Speisestärke |

### Füllung

| | |
|---|---|
| 200 g | Sahne |
| 100 g | Mascarpone |
| ¼ TL | gemahlene Vanille |
| 60 g | Baiser |
| 150 g | Himbeeren |
| | Puderzucker zum Bestäuben |
| | Himbeeren und kleine Baisers zum Verzieren |

Backofen auf 200 °C Ober-/Unterhitze vorheizen. Ein Backblech mit Backpapier auslegen. Die Eigelbe mit der Hälfte des Puderzuckers schaumig schlagen. Eiweiße mit Salz steif schlagen, dabei den restlichen Puderzucker (40 g) einrieseln lassen und weiterschlagen, bis ein glänzender Eischnee entstanden ist. Ein Drittel des Eischnees zur Eigelbmischung geben und unterrühren. Mehl und Speisestärke darübersieben und vorsichtig einarbeiten. Den restlichen Eischnee behutsam unterheben.

Die Masse auf das Backpapier streichen. Im Ofen auf mittlerer Schiene in 12 Minuten hellbraun backen. Herausnehmen und den Biskuitboden mit dem Backpapier auf ein feuchtes Küchentuch ziehen, damit er formbar bleibt. Abkühlen lassen. Den Boden umdrehen, das Backpapier abziehen und den Boden nochmals umdrehen.

Die Sahne mit Mascarpone und Vanille steif schlagen. Baiser zerbröseln. Creme auf dem Biskuit verteilen, dann die Himbeeren und die Baiserbrösel daraufstreuen. Die Biskuitplatte von der breiten Seite her mithilfe des Küchentuchs aufrollen und auf eine Kuchenplatte legen. Mit Puderzucker bestäuben und mit ein paar Himbeeren und kleinen Baisers dekorieren.

**Tipp:** Die besten Biskuit-Tipps siehe Seite 257.

# Apfelstrudel

*Strudel sind sehr wandlungsfähig. Die Äpfel kann man je nach Jahreszeit durch andere Früchte (z. B. Zwetschgen, Aprikosen, Birnen oder Rhabarber) ersetzen. Statt Mandeln passen auch zerbröselte Amarettini oder Lebkuchen in die Füllung. Geriebenes Marzipan, Schokoladentropfen, Pinienkerne oder gehackte Nusskerne machen sich ebenfalls gut.*

**1 Auflaufform, 30 × 20 cm**

| | |
|---|---|
| 60 g | Butter |
| 1 Paket | Strudelteig (120 g) |
| 5 | Äpfel |
| 1 EL | Zitronensaft |
| 50 g | gemahlene Mandeln |
| 50 g | Zucker |
| 1 TL | Zimt |
| | Puderzucker zum Bestäuben |

Backofen auf 180 °C Ober-/Unterhitze vorheizen. Die Butter zerlassen. 2 Blätter Strudelteig ausbreiten (etwa 40 × 50 cm) und nebeneinanderlegen. Die Teigplatte mit Butter bepinseln, auf beide Blätter eine zweite Schicht Strudelteig legen und ebenfalls mit Butter bepinseln. Etwas Butter für den fertig gerollten Strudel aufheben.

Die Äpfel schälen, vierteln, dabei das Kerngehäuse entfernen, und in möglichst dünne Spalten schneiden. Mit dem Zitronensaft vermischen. Mandeln auf dem Strudelteig verteilen. Zucker und Zimt vermischen. Die Apfelspalten auf den Strudelteig legen und mit dem Zimtzucker bestreuen.

Den Strudel von der kürzeren Seite her aufrollen und die Seiten etwas einschlagen. In die Auflaufform legen. (Man kann ihn auch auf ein mit Backpapier ausgelegtes Blech legen, aber in der Form wird er saftiger.) Den Strudel mit der restlichen Butter bestreichen. Im Ofen auf mittlerer Schiene in 50–60 Minuten goldbraun backen. Herausnehmen, mit Puderzucker bestäuben und lauwarm servieren.

**laktosefrei**

**Variante:** Für einen **Frischkäsestrudel mit Aprikosen** die Strudelblätter wie oben beschrieben ausbreiten und mit Butter bepinseln. Mit 100 g Pumpernickelbröseln bestreuen. 400 g Frischkäse, 120 g Zucker, 2 Eier, 1/4 TL gemahlene Vanille und 1 EL Zitronensaft glatt rühren. 300 g Aprikosen halbieren, entkernen und in Würfel schneiden. Frischkäsecreme und Aprikosenwürfel auf dem Strudelteig verteilen. Aufrollen und backen wie oben beschrieben.

# Vanillegugelhupf

**1 Gugelhupfform, 2,5–3 l Inhalt**

| | |
|---|---|
| 300 ml | Sonnenblumenöl |
| 300 g | Joghurt |
| 6 | Eier |
| 300 g | Zucker |
| ¼ TL | gemahlene Vanille |
| 400 g | Mehl |
| 100 g | Speisestärke |
| 5 TL | Backpulver |
| ¼ TL | Salz |

Halbe Teigmenge für
1 kleine Gugelhupfform, 1–1,5 l Inhalt
Backzeit etwa 50 Minuten

Backofen auf 175 °C Ober-/Unterhitze vorheizen. Eine Gugel-hupfform einfetten. Das Öl in einem hohen Gefäß mit dem Joghurt verrühren. Eier, Zucker und Vanille in einer Schüssel schaumig schlagen. Mehl, Speisestärke, Backpulver und Salz in eine zweite Schüssel sieben und abwechselnd mit der Joghurt-Öl-Mischung in die Eimasse rühren.

Den Teig in die Gugelhupfform geben. Im Ofen auf mittlerer Schiene etwa 60 Minuten backen. (Garprobe machen, Seite 264). Den fertigen Kuchen herausnehmen, etwas abkühlen lassen und dann aus der Form stürzen. Vollständig abkühlen lassen.

**Tipp:** Wer keine Gugelhupfform hat, kann auch eine Rührku-chenform (26–28 cm Ø) mit Loch in der Mitte nehmen. Die besten Gugelhupf-Tipps gibt es auf Seite 259.

*einfach*

# Mohn-Zitronen-Gugelhupf

300 ml Sonnenblumenöl in einem hohen Gefäß mit 300 g Joghurt verrühren. 6 Eier, 340 g Zucker und ¼ TL gemahlene Vanille in einer Schüssel schaumig schlagen. 200 g Mehl, 100 g Speisestärke, 5 TL Backpulver, ¼ TL Salz in eine zweite Schüssel sieben. 200 g Mohn und die abgeriebene Schale von 2 Bio-Zitronen hineinrühren. Die Mehlmischung abwechselnd mit der Joghurt-Öl-Mischung in die Eimasse rühren. 60–70 Minuten backen wie im Grundrezept beschrieben. Für die Glasur 250 g Puderzucker mit Zitronensaft verrühren. Dafür den Saft teelöffelweise zugeben, bis die Masse die gewünschte Konsistenz hat. Die Glasur auf dem abgekühlten Kuchen verteilen.

# Amaretto-Kirsch-Gugelhupf

100 ml Mandelöl und 200 ml Sonnenblumenöl in einem hohen Gefäß mit 100 g Joghurt und 200 ml Amaretto verrühren. 6 Eier, 300 g Zucker und ¼ TL gemahlene Vanille in einer Schüssel schaumig schlagen. 400 g Mehl, 100 g Speisestärke, 5 TL Backpulver und ¼ TL Salz in eine zweite Schüssel sieben und abwechselnd mit der Joghurt-Öl-Mischung in die Eimasse rühren. 100 g gemahlene Mandeln und 500 g entsteinte Kirschen mit 1 EL Mehl mischen und unter den Teig heben. 60–70 Minuten backen wie im Grundrezept beschrieben.

# Maltesers-Marshmallow-Gugelhupf

300 ml Sonnenblumenöl in einem hohen Gefäß mit 300 g Joghurt verrühren. 6 Eier, 260 g Zucker und ¼ TL gemahlene Vanille in einer Schüssel schaumig schlagen. 400 g Mehl, 100 g Speisestärke, 5 TL Backpulver und ¼ TL Salz in eine zweite Schüssel sieben und abwechselnd mit der Joghurt-Öl-Mischung in die Eimasse rühren. 200 g Maltesers und 100 g Mini-Marshmallows unter den fertigen Teig heben. 60–70 Minuten backen wie im Grundrezept beschrieben.

# Rhabarbergugelhupf mit weißer Schokolade

150 g weiße Schokolade in eine Metallschüssel bröckeln. 150 g Sahne dazugeben. Schokolade über dem Wasserbad schmelzen. Herunternehmen und mit 300 ml Sonnenblumenöl verrühren. 6 Eier, 300 g Zucker und ¼ TL gemahlene Vanille in einer Schüssel schaumig schlagen. 400 g Mehl, 100 g Speisestärke, 5 TL Backpulver und ¼ TL Salz in eine zweite Schüssel sieben und abwechselnd mit der Schokolade-Öl-Mischung in die Eimasse rühren. 500 g Rhabarber in etwa 1 cm breite Streifen schneiden, mit 1 EL Mehl vermischen, unter den Teig heben. 60–70 Minuten backen wie im Grundrezept beschrieben.

# Cranberry-Orangen-Gugelhupf

300 ml Sonnenblumenöl in einem hohen Gefäß mit 300 g Joghurt verrühren. 30 ml Orangenlikör dazugeben. 6 Eier, 300 g Zucker und ¼ TL gemahlene Vanille in einer Schüssel schaumig schlagen. 400 g Mehl, 100 g Speisestärke, 5 TL Backpulver und ¼ TL Salz in eine zweite Schüssel sieben und abwechselnd mit der Joghurt-Öl-Mischung in die Eimasse rühren. Schale von 2 Bio-Orangen abreiben und mit 200 g getrockneten Cranberrys unter den fertigen Teig rühren. 60–70 Minuten backen wie im Grundrezept beschrieben.

# Kürbisgugelhupf

400 g geschälten Kürbis in Würfel schneiden, weich kochen, abtropfen, ausdampfen lassen und pürieren. 100 ml Kürbiskernöl und 200 ml Sonnenblumenöl in einem hohen Gefäß mit dem Kürbismus verrühren. 6 Eier, 300 g Zucker und ¼ TL gemahlene Vanille in einer Schüssel schaumig schlagen. 400 g Mehl, 100 g Speisestärke, 5 TL Backpulver, 2 TL gemahlenen Zimt, ½ TL geriebene Muskatnuss und ¼ TL Salz in eine zweite Schüssel sieben und abwechselnd mit der Kürbis-Öl-Mischung in die Eimasse rühren. 60–70 Minuten backen wie im Grundrezept beschrieben. Für den Guss 400 g Frischkäse (Zimmertemperatur), 150 g Puderzucker und 100 g weiche Butter glatt rühren und den Kuchen damit ummanteln. Mit 2 EL Kürbiskernen verzieren.

## Lebkuchengugelhupf

300 ml Sonnenblumenöl in einem hohen Gefäß mit 300 g Joghurt verrühren. 6 Eier, 300 g Zucker und ¼ TL gemahlene Vanille in einer Schüssel schaumig schlagen. 400 g Mehl, 100 g Speisestärke, 5 TL Backpulver, 3 TL Lebkuchengewürz, 1 TL gemahlenen Zimt und ¼ TL Salz in eine zweite Schüssel sieben. Abwechselnd mit der Joghurt-Öl-Mischung in die Eimasse rühren. 200 g gehackte kandierte Früchte unter den fertigen Teig heben. 60–70 Minuten backen wie im Grundrezept beschreben.

## Mandel-Marzipan-Gugelhupf mit Schokostückchen

200 g Marzipan reiben. Mit 150 g Joghurt in einem Topf erwärmen und dabei rühren, bis das Marzipan sich aufgelöst hat. Mit 100 ml Mandelöl plus 200 ml Sonnenblumenöl verrühren. 6 Eier, 270 g Zucker und ¼ TL gemahlene Vanille in einer Schüssel schaumig schlagen. 400 g Mehl, 100 g gemahlene Mandeln, 5 TL Backpulver und ¼ TL Salz in eine zweite Schüssel sieben und abwechselnd mit der Joghurt-Öl-Mischung in die Eimasse rühren. 250 g Schokotropfen unter den fertigen Teig heben. Die Gugelhupfform mit 100 g gehackten Mandeln ausstreuen. 60–70 Minuten backen wie im Grundrezept beschrieben.

**Tipp:** Wer kein Mandelöl bekommt, ersetzt es durch Sonnen-blumenöl. Der Mandelgeschmack ist dann nicht so intensiv.

## Glutenfreier Gugelhupf

300 ml Sonnenblumenöl in einem hohen Gefäß mit 300 g Joghurt verrühren. 6 Eier, 300 g Zucker und ¼ TL gemahlene Vanille in einer Schüssel schaumig schlagen. 200 g Maisstärke, 200 g Reismehl, 100 g Maismehl, 3 TL Johannisbrotkernmehl, 5 TL Backpulver und ¼ TL Salz in eine zweite Schüssel sieben und abwechselnd mit der Joghurt-Öl-Mischung nach und nach in die Eimasse rühren. 60 Minuten backen wie im Grundrezept beschrieben. Nach Belieben mit dunklem Schokoguss überziehen.

**Tipp:** Die glutenfreie Mehlmischung kann für alle Gugelhupf-rezepte benutzt werden.

# Alltäglich

*für
Könner*

# Milchrahmstrudel

*Strudel ist zwar als süßes Hauptgericht oder Dessert bekannter, macht sich aber auch auf jeder Kaffeetafel gut. Mir schmeckt er warm besser als kalt — aber das muss ja nicht bei jedem so sein.*

**1 geschlossene Backform, 26 cm Ø, mindestens 5 cm hoher Rand**

| | |
|---|---|
| 250 ml | Milch |
| ¼ TL | gemahlene Vanille |
| 4 Scheiben | Toastbrot |
| 4 | Eier |
| 120 g | weiche Butter |
| 140 g | Zucker |
| 250 g | Quark |
| 120 g | Sauerrahm |
| 40 g | Mehl |
| | abgeriebene Schale von ½ Bio-Zitrone |
| 1 TL | Zitronensaft |
| 1 Prise | Salz |
| 1 Paket | Strudelteig (120 g) |
| | Puderzucker zum Bestäuben |

Für die Füllung 50 ml Milch mit der Vanille in einen Topf geben und aufkochen lassen. Toastbrot entrinden und in kleine Würfel schneiden. Heiße Milch über die Würfel gießen. 2 Eier trennen. 70 g Butter und 50 g Zucker schaumig schlagen. Eigelbe einzeln gut einrühren, gefolgt von Quark, Sauerrahm, Mehl, Zitronenschale und -saft. Eiweiße mit Salz steif schlagen, 60 g Zucker einrieseln lassen und weiterschlagen, bis ein glänzender Eischnee entstanden ist. Eischnee und Toastwürfel unter die Masse heben.

Backofen auf 180 °C Ober-/Unterhitze vorheizen. Eine runde, geschlossene Backform mit hohem Rand einfetten. Restliche Butter (50 g) zerlassen. 1 Blatt Strudelteig (etwa 40 × 50 cm) ausbreiten, mit Butter bepinseln und ein weiteres Blatt darauflegen, ebenfalls mit Butter bepinseln. Mit den restlichen beiden Blättern ebenso verfahren. Etwas zerlassene Butter für den fertig gerollten Strudel aufheben.

Die Füllung auf dem Teig verteilen, dabei den Rand frei lassen. Den Strudelteig einschlagen und von der längeren Seite aufrollen. Wie eine Spirale in die Form legen. Strudel mit restlicher zerlassener Butter bepinseln. Im Ofen auf mittlerer Schiene 30 Minuten backen.

Für den Guss 200 ml Milch, die restlichen Eier (2) und den restlichen Zucker (30 g) verrühren. Nach 30 Minuten Backzeit über den Strudel gießen und weitere 25–30 Minuten backen. Herausnehmen, mit Puderzucker bestäuben und warm servieren.

# Far Breton mit Cranberrys

*Klassisch wird Far Breton mit Backpflaumen gebacken. Mir schmeckt er aber mit Cranberrys besser. Frische Früchte wie z. B. Äpfel kann man auch nehmen.*

**1 geschlossene Backform, 26–28 cm Ø**

| | |
|---|---|
| 4 | Eier |
| 160 g | Zucker |
| ½ TL | gemahlene Vanille |
| 200 g | Mehl |
| ½ TL | Salz |
| 800 ml | Milch |
| 200 g | Cranberrys |

Backofen auf 160 °C Ober-/Unterhitze vorheizen. Eine Auflauf- oder Backform einfetten. Eier mit Zucker und Vanille schaumig schlagen, bis eine helle Creme entstanden ist. Mehl und Salz nach und nach auf die Eimasse sieben und langsam einrühren. Die Milch unter Rühren in den Teig gießen. Cranberrys in die Form geben und den Teig darauf verteilen. Im Ofen auf mittlerer Schiene 75 Minuten backen. Herausnehmen und warm oder kalt servieren.

*fettarm*

# Zimtschneckenkuchen

**1 geschlossene Backform, 28 cm Ø**
**oder 1 Springform, 28 cm Ø**

### Hefeteig

|        |                  |
|--------|------------------|
| 50 g   | Butter           |
| 650 g  | Mehl             |
| 1 Würfel | Hefe (42 g)    |
| 120 g  | Zucker           |
| 100 ml | lauwarme Milch   |
| 120 ml | Buttermilch      |
| 2      | Eier             |
| ½ TL   | Salz             |

### Belag

|        |                  |
|--------|------------------|
| 140 g  | Butter           |
| 120 g  | Zucker           |
| 120 ml | Ahornsirup       |
| 2 TL   | gemahlener Zimt  |

Aus den Zutaten einen Hefeteig zubereiten wie auf Seite 248 beschrieben und gehen lassen.

Für den Belag 80 g Butter, 40 g Zucker und den Ahornsirup in einen Topf geben und erwärmen. Die Sauce auf den Boden der Backform geben. (Springform gut mit Backpapier auskleiden, damit nichts herauslaufen kann.)

Restliche Butter (60 g) zerlassen. Restlichen Zucker (80 g) mit dem Zimt vermischen. Den Teig auf einer bemehlten Arbeitsfläche zu einem Quadrat (etwa 50 × 50 cm) ausrollen. Mit der zerlassenen Butter bepinseln und mit dem Zimtzucker bestreuen. Aufrollen und die Rolle in 12 Scheiben schneiden. Rollen nebeneinander in die Form legen. Noch einmal 20 Minuten abgedeckt gehen lassen.

Backofen auf 180 °C Ober-/Unterhitze vorheizen. Kuchen im Ofen auf mittlerer Schiene 35 Minuten backen. Herausnehmen und auskühlen lassen.

*einfach*

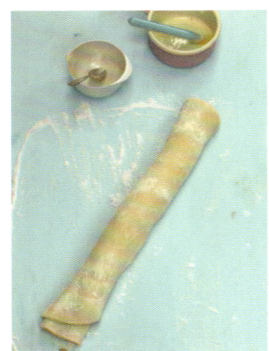

*einfach*

# Apfelkuchen

*Dieser Apfelkuchen mit Walnusskernen gehört zu den absoluten Rennern in meinem Café. Die Leute lieben ihn!*

**1 Springform, 26 cm Ø**

**Rührteig**

| | |
|---|---|
| 200 g | weiche Butter |
| 160 g | Zucker |
| ¼ TL | gemahlene Vanille |
| 3 | Eier |
| 250 g | Mehl |
| 50 g | Speisestärke |
| 2 TL | Backpulver |
| ¼ TL | Salz |
| 200 g | Sauerrahm |

**Füllung**

| | |
|---|---|
| 100 g | Walnusskerne |
| 70 g | Zucker |
| 2 TL | gemahlener Zimt |
| ¼ TL | Salz |
| ¼ TL | gemahlene Vanille |
| 1 EL | Melasse oder Zuckerrübensirup |
| 600 g | Äpfel |
| 1 EL | Zitronensaft |
| 100 g | Mehl |
| 60 g | kalte Butter |

Backofen auf 175 °C Ober-/Unterhitze vorheizen. Eine Springform einfetten. Für den Teig Butter, Zucker, und Vanille in einer Schüssel schaumig schlagen. Eier einzeln gut einrühren. Mehl, Speisestärke, Backpulver und Salz in eine zweite Schüssel sieben und abwechselnd mit dem Sauerrahm in den Teig rühren.

Für die Füllung Walnusskerne hacken. Mit Zucker, Zimt, Salz, Vanille und Melasse oder Zuckerrübensirup verrühren. Die Hälfte des Teigs in die Form füllen und mit der Hälfte der Füllung bestreuen.

Äpfel schälen, vierteln, dabei das Kerngehäuse entfernen, und in Spalten schneiden. Spalten mit Zitronensaft vermischen und auf der Füllung verteilen. Restlichen Teig darübergeben. Restliche Füllung mit Mehl und kalter Butter zu Streuseln verkneten und auf dem Kuchen verteilen. Im Ofen auf mittlerer Schiene 60–70 Minuten backen. (Garprobe machen, siehe Seite 264.) Herausnehmen und abkühlen lassen.

# Schokoladen-Bananen-Tarte

**1 Tarteform, 28 cm Ø**

### Schokoladenmürbeteig

| | |
|---|---|
| 100 g | kalte Butter |
| 50 g | Puderzucker |
| 1 | Ei, Größe S |
| 190 g | Mehl |
| 30 g | Kakao |
| 1 Prise | Salz |
| ¼ TL | gemahlene Vanille |

### Füllung & Belag

| | |
|---|---|
| 200 g | reife Bananen |
| 150 ml | Maracujasaft |
| 1 TL | Zitronensaft |
| 5 | Eier |
| 60 g | Zucker |
| 1 Prise | Salz |
| 140 g | kalte Butter |
| 175 g | Schokolade (70 % Kakaoanteil) |
| 70 g | weiche Butter |
| 1 TL | Honig |
| | Bananenchips zum Dekorieren |

Aus den Zutaten einen Schokoladenmürbeteig zubereiten wie auf Seite 251 beschrieben. Mindestens 2 Stunden und maximal 4 Tage im Kühlschrank ruhen lassen.

Backofen auf 180 °C Ober-/Unterhitze vorheizen. Den Teig kurz temperieren lassen und eine Tarteform damit auskleiden. Boden blindbacken wie auf Seite 252 beschrieben.

Für die Füllung Bananen schälen und in Stücke schneiden. Maracujasaft, Zitronensaft und Bananenstücke in einen Topf geben und pürieren. Eier, Zucker und Salz nacheinander mit einem Schneebesen einrühren. Alles unter Rühren erwärmen, bis die Masse fast kocht. Den Topf vom Herd nehmen und die kalte Butter in kleinen Würfeln mit dem Stabmixer einarbeiten. Die Masse auf dem Tarteboden verteilen und abkühlen lassen.

Für den Belag Schokolade, Butter und Honig in eine Metall-schüssel geben. Über dem Wasserbad schmelzen. Herunterneh-men und über die Bananenfüllung gießen. Bananenchips deko-rativ auf der Schokolade verteilen. Im Kühlschrank mindestens 2 Stunden, am besten aber über Nacht, fest werden lassen. Tarteform erst kurz vor dem Servieren lösen.

*braucht Vorbereitung*

# Aprikosenkuchen vom Blech

*Wer es eilig hat, lässt die Quarkcreme einfach weg. Der Kuchen schmeckt auch ohne. Ich finde allerdings, dass die Tupfen auf den Aprikosenhälften sehr attraktiv aussehen.*

**1 Backblech, 35 × 45 cm**
**1 Spritzbeutel mit Lochtülle, 12 mm**

| | |
|---:|---|
| 1 | Bio-Zitrone |
| 320 g | weiche Butter |
| 150 g | Marzipan |
| 310 g | Zucker |
| 8 | Eier |
| 320 g | Mehl |
| 60 g | Vanillepuddingpulver |
| 2 TL | Backpulver |
| ¼ TL | Salz |
| 1 kg | Aprikosen |
| 150 g | Quark |
| 1 | Eigelb |
| | Puderzucker zum Bestäuben |

Ein tiefes Backblech einfetten. Schale der Zitrone abreiben. Butter, Marzipan, 300 g Zucker und 1 EL Zitronenschale in einer Schüssel schaumig schlagen. Eier einzeln gut einrühren. Mehl, Puddingpulver, Backpulver und Salz in eine zweite Schüssel sieben. Nach und nach in den Teig rühren. Den Teig auf dem Backblech verteilen.

Backofen auf 180 °C Ober-/Unterhitze vorheizen. Aprikosen halbieren und entsteinen. Dicht an dicht mit der Schnittseite nach oben auf dem Teig anordnen. Quark, restlichen Zucker (1 TL) und Eigelb verrühren. Die Masse in einen Spritzbeutel füllen und 1 Tupfen auf jede Aprikose spritzen. Im Ofen auf mittlerer Schiene 40 Minuten backen. Herausnehmen und abkühlen lassen. Vor dem Servieren mit Puderzucker bestäuben.

**Tipp:** Wer keinen Spritzbeutel hat, nimmt einfach einen Gefrierbeutel und schneidet davon eine kleine Ecke ab.

*einfach*

*hält sich gut*

# Mandelkranz

*Einer meiner Lieblinge. Er vereint meine zwei bevorzugten Zutaten: Mandeln und Hefe. Im Gegensatz zu vielen Hefekuchen ist er auch nach ein paar Tagen noch lecker und keinesfalls trocken.*

**1 Kranzform, 26–28 cm Ø**

### Hefeteig

| | |
|---|---|
| 70 g | Butter |
| 600 g | Mehl |
| 1 Würfel | Hefe (42 g) |
| 80 g | Zucker |
| 150 ml | lauwarme Milch |
| 3 | Eier |
| ¼ TL | gemahlene Vanille |
| ¼ TL | Salz |

### Füllung

| | |
|---|---|
| 150 g | Amarettini |
| 375 ml | Milch |
| 50 g | Butter |
| 1 Prise | gemahlener Zimt |
| ¼ TL | gemahlene Vanille |
| 500 g | gemahlene Mandeln |
| 3 | Eiweiß |
| 150 g | Puderzucker |

Aus den Zutaten einen Hefeteig zubereiten wie auf Seite 248 beschrieben und gehen lassen.

Für die Füllung Amarettini in einen Gefrierbeutel geben und mit dem Nudelholz zerbröseln. Milch mit Butter, Zimt und Vanille aufkochen. Mandeln und Amarettini unterrühren. Vom Herd nehmen, alles etwas abkühlen lassen. Eiweiße mit 100 g Puderzucker verrühren. Unter die Mandelmasse heben.

Hefeteig möglichst dünn ausrollen (50 × 60 cm). Die Füllung auf dem Teigrechteck verteilen. Am Rand etwas Platz lassen, damit beim Aufrollen nichts herausläuft. Von der breiten Seite her aufrollen. Das Ende der Rolle mit etwas Wasser bestreichen und gut verschließen. In die Kranzform legen. Das geht am besten vierhändig. Noch einmal 20 Minuten gehen lassen.

Backofen auf 180 °C Ober-/Unterhitze vorheizen. Kranz auf der mittleren Schiene 45 Minuten backen. Herausnehmen, 15 Minuten abkühlen lassen und dann aus der Form stürzen. Abgekühlt mit dem restlichen Puderzucker (50 g) bestäuben.

**Tipp:** Wer keine Kranzform hat, kann die Rolle auch auf einem mit Backpapier belegten Blech oder in einer Kastenform backen.

# Stachelbeerkuchen mit Mascarponecreme

*Die Stachelbeersaison ist sehr kurz, was nicht bedeutet, dass man den Kuchen nicht das ganze Jahr über backen kann. Es eignen sich fast alle Obstsorten als Belag, am besten schmecken mir Rhabarber, Johannisbeeren oder säuerliche Äpfel.*

**1 Springform, 28 cm Ø**

| | |
|---|---|
| 1 | Bio-Zitrone |
| 200 g | weiche Butter |
| 280 g | Zucker |
| ¼ TL | gemahlene Vanille |
| 5 | Eier |
| 300 g | Mehl |
| 3 TL | Backpulver |
| 1 Prise | Salz |
| 2 EL | Milch |
| 600 g | Stachelbeeren |
| 2 EL | Speisestärke |
| 100 g | Mandelblättchen |
| 500 g | Mascarpone |

Backofen auf 175 °C Ober-/Unterhitze vorheizen. Eine Springform einfetten. Zitronenschale abreiben. 150 g Butter mit 150 g Zucker, der Vanille und der Zitronenschale in einer Schüssel schaumig schlagen. 3 Eier einzeln gut einrühren. Mehl, Backpulver und 1 Prise Salz in eine zweite Schüssel sieben. Abwechselnd mit der Milch unter die Buttermasse rühren. Den Teig in die Springform geben. Stachelbeeren mit 1 EL Speisestärke vermischen und auf dem Teig verteilen. Im Ofen auf der mittleren Schiene 30 Minuten backen.

In der Zwischenzeit die restliche Butter (50 g) zerlassen, Mandelblättchen und 30 g Zucker dazugeben. Die Mandelblättchen unter Rühren karamellisieren. Vom Herd nehmen. Die restlichen 2 Eier mit Mascarpone, der restlichen Speisestärke (1 EL) und dem restlichen Zucker (100 g) glatt rühren. Den Kuchen aus dem Ofen nehmen. Backtemperatur halten. Die Creme auf den Stachelbeeren verteilen und mit den karamellisierten Mandelblättchen bestreuen. Weitere 30 Minuten backen. Herausnehmen und abkühlen lassen. Die Springform entfernen.

*gut zu variieren*

# Mohnkuchen mit Aprikosen

*Ich kaufe meine Schablonen oft im Baumarkt oder Bastelgeschäft. Dort findet man eine große Auswahl an Vorlagen, die eigentlich zum Malen gedacht sind.*

**1 Backblech, 35 × 45 cm**
**1 Backrahmen, 25 × 35 cm**

| | |
|---:|---|
| 9 | Eier |
| ½ | Bio-Zitrone |
| 200 g | weiche Butter |
| 250 g | Zucker |
| ½ TL | gemahlene Vanille |
| 300 g | geriebener Mohn |
| 150 g | gemahlene Haselnusskerne |
| 2 ½ TL | gemahlener Zimt |
| 1 Prise | Salz |
| 600 g | Aprikosen |
| 500 g | Sahne |
| 2 Päckchen | Sahnesteif |
| 30 g | Vanillepuddingpulver ohne Kochen |
| 500 g | Schmand |

Backofen auf 170 °C Ober-/Unterhitze vorheizen. Ein Backblech mit Backpapier auslegen und einen Backrahmen daraufstellen. Eier trennen. Zitronenschale abreiben. Die Butter mit der Hälfte des Zuckers (125 g), ¼ TL Vanille und der Zitronenschale schaumig schlagen. Eigelbe einzeln gut einrühren. Mohn mit gemahlenen Haselnusskernen und ½ TL Zimt vermischen.

Eiweiße mit Salz steif schlagen, dabei den restlichen Zucker (125 g) einrieseln lassen und weiterschlagen, bis ein glänzender Eischnee entstanden ist. Ein Drittel des Eischnees und die Mohn-Nuss-Mischung in die Buttermasse rühren. Den restlichen Eischnee vorsichtig unterheben. Den Teig in den Backrahmen füllen. Im Ofen auf mittlerer Schiene 30–35 Minuten backen. Herausnehmen und abkühlen lassen. Den Backrahmen entfernen.

Aprikosen entsteinen und in Spalten schneiden. Auf den Kuchen legen. Sahne mit restlicher Vanille (¼ TL) halb steif schlagen, das Sahnesteif dazugeben und weiterschlagen, bis sie fest ist. Puddingpulver einrühren. Schmand unterheben. Die Creme über den Aprikosen verteilen und glatt streichen. Eine Kuchenschablone auf die Oberfläche legen und mit dem restlichen Zimt (2 TL) mit Hilfe eines Siebs bestäuben. Schablone entfernen.

*etwas Besonderes*

# Apfeltarte mit Tofu

*Diese vegane Apfeltarte hat einen leckeren und knusprigen Boden, den man für fast alle Tarterezepte verwenden kann. Da der vegane Mürbeteig bröseliger ist als der gewöhnliche, ist er jedoch schwerer auszurollen.*

**1 Tarteform, 28 cm Ø**

| | |
|---|---|
| 110 ml | Sonnenblumenöl |
| 120 g | Zucker |
| 250 g | Mehl |
| ¼ TL | Weinsteinbackpulver |
| ¼ TL | Salz |
| 400 g | Seidentofu |
| ¼ TL | gemahlene Vanille |
| 1 TL | gemahlener Zimt |
| 1 EL | Speisestärke |
| 3–4 | Äpfel |
| 1 EL | Zitronensaft |
| 2 EL | Mandelblättchen |

*vegan*

100 ml Sonnenblumenöl, 60 g Zucker und 60 ml kaltes Wasser in einer Schüssel verquirlen. Mehl, Backpulver und Salz in eine zweite Schüssel sieben. Rasch in die flüssige Mischung rühren, bis sich alles verbunden hat. Zu einer Kugel rollen, in Frischhaltefolie packen und mindestens 2 Stunden im Kühlschrank ruhen lassen.

Den Backofen auf 200 °C Ober-/Unterhitze vorheizen und die Tarte blindbacken wie auf Seite 252 beschrieben. Herausnehmen und die Ofentemperatur auf 175 °C absenken.

Tofu mit dem restlichen Zucker (60 g), der Vanille, dem Zimt, dem restlichen Sonnenblumenöl (1 EL) und der Speisestärke glatt rühren. Äpfel schälen, vierteln, dabei das Kerngehäuse entfernen, und in Spalten schneiden. Mit dem Zitronensaft vermischen und auf dem vorgebackenen Tarteboden verteilen. Die Tofumischung auf den Äpfeln verteilen und mit Mandelblättchen bestreuen. Noch einmal 30 Minuten backen.

**Tipp:** Ist der Teig zu bröselig, etwas Wasser zugeben. Ist er zu weich, etwas mehr Mehl.

# Tarte Tatin mit Pfirsich und Rosmarin

*Die Tarte schmeckt mir warm am besten — mit etwas Eis oder Sahne dazu. Wer eine Tarte-Tatin-Form hat, muss die Früchte nicht umfüllen. Damit kann man außerdem den Karamell gleich in der Form auf dem Herd machen. Das geht dann noch schneller.*

**1 geschlossene Tarteform, 26–28 cm Ø
oder 1 Tarte-Tatin-Form, 26–28 cm Ø**

**Mürbeteig**

| | |
|---|---|
| 100 g | kalte Butter |
| 50 g | Puderzucker |
| ¼ TL | gemahlene Vanille |
| 1 | Ei, Größe S |
| 220 g | Mehl |
| 1 Prise | Salz |

**Belag**

| | |
|---|---|
| 90 g | weiche Butter |
| 500 g | Pfirsiche |
| 75 g | Zucker |
| 4 | Zweige Rosmarin |

Aus den Zutaten einen Mürbeteig zubereiten wie auf Seite 250 beschrieben. Mindestens 2 Stunden und maximal 4 Tage im Kühlschrank ruhen lassen.

Den Backofen auf 220 °C Ober-/Unterhitze vorheizen. Die Tarteform einfetten. Pfirsiche kurz blanchieren, die Haut abziehen, entsteinen und in Spalten schneiden. Butter und Zucker in einer Pfanne zerlassen. Pfirsiche und Rosmarinzweige dazugeben. Etwa 5 Minuten unter Rühren bei hoher Temperatur karamellisieren. Die Pfirsichspalten sollten jedoch nicht zerfallen. Die Pfanne vom Herd nehmen und die Rosmarinzweige entfernen.

Den Karamell mit den Pfirsichspalten in die Tarteform geben und die Pfirsichspalten dekorativ anordnen. Den Mürbeteig kurz temperieren lassen und zu einem Kreis von 26 cm Ø ausrollen. Über die Pfirsiche legen, an den Seiten gut verschließen. Im Ofen auf mittlerer Schiene 20 Minuten backen. 10 Minuten in der Form abkühlen lassen und auf eine Kuchenplatte stürzen.

**Variante:** Für eine **klassische Tarte Tatin** den Rosmarin weglassen und statt der Pfirsiche Äpfel schälen. Diese schälen, vom Kerngehäuse befreien und in Spalten schneiden.

*schnell gebacken*

# Beerentarte mit Streuseln und Cassis

**1 Tarteform, 28 cm Ø**

| | |
|---|---|
| 240 ml | Sonnenblumenöl |
| 190 g | Zucker |
| 500 g | Mehl |
| ½ TL | Weinsteinbackpulver |
| ½ TL | Salz |
| 3 EL | Speisestärke |
| 100 ml | Kirschsaft |
| 150 ml | Cassis |
| 2 EL | Zitronensaft |
| 700 g | gemischte Beeren |

200 ml Sonnenblumenöl, 120 g Zucker und 120 ml kaltes Wasser in einer Schüssel verquirlen. Mehl, Backpulver und ½ TL Salz in eine zweite Schüssel sieben. In die flüssige Mischung rühren, bis sich alles verbunden hat. Zu einer Kugel rollen, in Frischhaltefolie packen und mindestens 2 Stunden im Kühlschrank ruhen lassen.

Backofen auf 200 °C Ober-/Unterhitze vorheizen. Die Tarteform mit der Hälfte des Teigs auskleiden. Boden blindbacken wie auf Seite 252 beschrieben. Herausnehmen und die Ofentemperatur halten.

Für die Füllung Speisestärke mit Kirschsaft verrühren. Cassis, Zitronensaft und restlichen Zucker (70 g) in einen Topf geben und aufkochen. Kirschsaftmischung einrühren und noch einmal kurz aufkochen lassen. Vom Herd nehmen. Die Beeren einrühren. Die Masse auf dem Tarteboden verteilen. Aus dem restlichen Teig Streusel formen und auf der Obstmasse verteilen. Im Ofen auf mittlerer Schiene 25 Minuten backen.

*vegan*

# Strudeltarte mit Aprikosen

*Die Tarte kann auch mit anderem Obst gemacht werden, prima eignen sich Äpfel oder Zwetschgen. Besonders gut schmeckt sie warm mit Vanillesauce.*

**1 Tarteform, 28 cm Ø**

| | |
|---|---|
| 600 g | Aprikosen |
| 1 EL | Zitronensaft |
| 100 g | Butter |
| 100 g | Marzipan |
| 100 g | Amarettini |
| 2 Pakete | Strudelteig (à 120 g) |
| | Puderzucker zum Bestäuben |
| 50 g | Zucker |
| 200 g | Crème fraîche |

**Tipp:** Wenn die Strudelteiglagen beim Hantieren etwas einreißen, macht das nichts.

*mit Fertigteig*

Backofen auf 180 °C Ober-/Unterhitze vorheizen. Tarteform einfetten. Aprikosen entsteinen und in dünne Spalten schneiden. Mit dem Zitronensaft vermischen. Die Butter zerlassen. Marzipan zerbröckeln. Amarettini in einem Gefrierbeutel mit dem Nudelholz zerbröseln.

Den Strudelteig ausbreiten. Eine Lage (etwa 40 × 50 cm) in die Tarteform legen, die Ränder am Rand überstehen lassen. Die Lage mit zerlassener Butter bepinseln und mit Puderzucker bestäuben. Die nächste Lage darauflegen und ebenso verfahren. Mit den übrigen Lagen (4 Stück) ebenso verfahren. Zwei Lagen für die Abdeckung aufheben.

Die Aprikosen in der Tarteform auf dem Strudelteig verteilen. Mit Marzipan-, Amarettinibröseln und Zucker bestreuen. Die Crème fraîche in kleinen Tupfen auf die Brösel setzen. Die überlappenden Seiten des Strudelteigs nach innen umklappen. Die zwei restlichen Strudelteiglagen mit zerlassener Butter bepinseln und mit Puderzucker bestäuben und als Deckel auf die Tarte legen. Im Ofen auf mittlerer Schiene 30 Minuten backen. Herausnehmen und lauwarm servieren.

*gut vorzubereiten*

# Orangenrollen

*Auch diese Rollen schmecken mir am besten warm. Das Gute ist, man kann sie auch im Voraus backen, vor dem Servieren im Backofen noch einmal aufwärmen und dann erst mit dem Guss übergießen.*

**1 Auflaufform, 35 × 25 cm**

**Hefeteig**

| | |
|---|---|
| 70 g | Butter |
| 600 g | Mehl |
| 1 Würfel | Hefe (42 g) |
| 80 g | Zucker |
| 150 ml | lauwarme Milch |
| 3 | Eier |
| ¼ TL | gemahlene Vanille |
| ¼ TL | Salz |

**Füllung & Guss**

| | |
|---|---|
| 1 | Bio-Orange |
| 280 g | Zucker |
| 80 g | Kokosraspel |
| 90 g | Butter |
| 120 g | Sauerrahm |
| 2 EL | Orangensaft |

Aus den Zutaten einen Hefeteig zubereiten wie auf Seite 248 beschrieben und gehen lassen.

Eine Auflaufform einfetten. Für die Füllung Orangenschale abreiben. 120 g Zucker, Kokosraspel und Orangenschale vermischen. Butter zerlassen.

Den Hefeteig halbieren. zwei Kreise (etwa 30 cm Ø) ausrollen. Mit 30 g zerlassener Butter bestreichen und mit der Füllung bestreuen. Teig wie einen Kuchen in 12 Stücke schneiden. Jedes Dreieck von der breiten Seite her zu einem Hörnchen aufrollen. Die Hörnchen nebeneinander in die Auflaufform setzen. Abdecken und noch einmal 20 Minuten gehen lassen.

Backofen auf 180 °C Ober-/Unterhitze vorheizen. Die Auflaufform in den Ofen schieben und die Orangenrollen 25–30 Minuten backen. Aus dem Backofen ziehen.

Für den Guss restlichen Zucker (160 g), den Sauerrahm, den Orangensaft und die restliche zerlassene Butter (60 g) in einen Topf geben und aufkochen. Vom Herd nehmen. Die warmen Rollen damit begießen.

# Zwetschgentarte mit Maronen

**1 Backblech, 35 × 45 cm**

| | |
|---|---|
| 200 g | gemahlene Haselnusskerne |
| 200 g | kalte Butter |
| 100 g | Puderzucker |
| 1 | Ei |
| 300 g | Mehl |
| ¼ TL | Salz |
| 1 TL | gemahlener Zimt |
| ¼ TL | gemahlene Vanille |
| 500 g | Zwetschgen |
| 200 g | gegarte, geschälte Maronen |
| 70 g | Zucker |
| 1 EL | Speisestärke |
| 1 | Eigelb |
| 1 EL | Sahne |

Backofen auf 175 °C Ober-/Unterhitze vorheizen. Die gemahlenen Haselnusskerne auf einem Backblech verteilen und 8–10 Minuten im Ofen rösten, bis sie leicht gebräunt sind und zu duften beginnen. Herausnehmen und abkühlen lassen.

Die Butter in einer Schüssel mit dem Puderzucker vermengen. Das Ei und 100 g geröstete Haselnusskerne einrühren. Mehl, Salz, Zimt und Vanille in einer zweiten Schüssel vermischen, zur Butter-Haselnuss-Masse geben und alles rasch zu einem festen Teig verarbeiten. Zur Kugel formen, in Frischhaltefolie wickeln und 2 Stunden im Kühlschrank ruhen lassen.

Für die Füllung Zwetschgen halbieren und entsteinen. Maronen in kleine Würfel schneiden. Zwetschgen und Maronen mit den restlichen Haselnusskernen (100 g), dem Zucker und der Speisestärke vermischen. Backofen auf 200 °C Ober-/Unterhitze vorheizen. Ein Backblech mit Backpapier auslegen.

Ein Drittel des Teigs zu einem Kreis (28 cm Ø) ausrollen und auf das Backpapier legen. Das zweite Drittel ebenso ausrollen und in den Kühlschrank legen. Die Füllung auf dem ersten Kreis verteilen und dabei einen 2 cm breiten Rand frei lassen. Mit dem zweiten Kreis abdecken, die Ränder festdrücken.

Den restlichen Teig ausrollen und mit einem Ausstecher Blumen o. Ä. ausstechen. Diese dekorativ auf dem Kuchen verteilen. Eigelb mit Sahne vermischen und den Kuchen damit bepinseln. Im Ofen auf mittlerer Schiene 25–30 Minuten backen. Herausnehmen und abkühlen lassen.

*herbstlicher Genuss*

# Granatapfel-Käsekuchen

*Granatäpfel schmecken zwar auch sehr gut, doch am meisten freue ich mich immer auf das Fotografieren. Ihr leuchtendes Rot ist so wunderbar fotogen.*

**1 Tortenring, 24 cm Ø**

| | |
|---|---|
| 150 g | Vollkornbutterkekse |
| 80 g | Schokolade (50–60 % Kakaoanteil) |
| 100 g | Butter |
| 6 Blatt | Gelatine |
| 400 g | Frischkäse |
| 150 g | Mascarpone |
| 110 g | Zucker |
| ¼ TL | gemahlene Vanille |
| 1 Prise | Salz |
| 125 ml | Grenadinesirup |
| 2 EL | Zitronensaft |
| 200 g | Sahne |
| 2 | Granatäpfel |
| 1 Päckchen | Tortenguss |

**Tipp:** Das Herauslösen der Granatapfelkerne funktioniert am besten in einer Schüssel mit Wasser, dann spritzt es nicht so.

Für den Boden Butterkekse zermahlen oder im Gefrierbeutel fein zerkrümeln. In eine Schüssel geben. Schokolade zerbröckeln und mit der Butter in einer Metallschüssel über dem Wasserbad schmelzen. Über die Keksbrösel geben. Alles gut vermischen. Den Tortenring auf eine Kuchenplatte stellen und die Keksbrösel darin festdrücken.

Für die Füllung Gelatine in etwas kaltem Wasser einweichen. Frischkäse, Mascarpone, 80 g Zucker, Vanille und Salz glatt rühren. Grenadinesirup und Zitronensaft in einem kleinen Topf erwärmen (nicht kochen) und die ausgedrückte Gelatine darin auflösen. Gelatinemischung zügig unter die Käsemasse rühren. Sahne steif schlagen und unterheben. Die Masse auf dem Boden im Tortenring verteilen und glatt streichen. 2 Stunden im Kühlschrank fest werden lassen.

Für den Belag Granatäpfel aufbrechen und die Kerne herauslösen. Die Kerne auf dem Kuchen verteilen. Tortenguss nach Anleitung mit dem restlichen Zucker (30 g) und Wasser zubereiten. Über die Granatapfelkerne löffeln. Im Kühlschrank 30 Minuten fest werden lassen. Vor dem Servieren den Tortenring entfernen.

*ohne Backen*

# Rhabarberkuchen mit Baiser

*Die Technik für das Herstellen der Baisermasse mag kompliziert klingen. Die Mühe lohnt sich aber in jedem Fall, denn die Masse wird sehr stabil und macht den Kuchen zum Hingucker. Super schmeckt er außerdem.*

**1 Springform, 26 cm Ø**

| | |
|---|---|
| ½ | Bio-Zitrone |
| 3 | Eigelb |
| 375 g | Zucker |
| ¼ TL | gemahlene Vanille |
| 90 ml | Olivenöl |
| 250 g | Mehl |
| 3 TL | Backpulver |
| 6 | Eiweiß |
| 2 Prisen | Salz |
| 800 g | Rhabarber |
| 1 | gehäufter EL Speisestärke |

Backofen auf 170 °C Ober-/Unterhitze vorheizen. Eine Springform einfetten. Die Zitronenschale abreiben und den Saft auspressen. Eigelbe, 100 g Zucker, Vanille und Zitronenschale verrühren. Olivenöl und 90 ml warmes Wasser einrühren. Mehl und Backpulver in eine Schüssel sieben. 3 Eiweiße mit 1 Prise Salz steif schlagen, dabei 80 g Zucker einrieseln lassen und weiterschlagen, bis ein glänzender Eischnee entstanden ist. Mehlmischung und ein Drittel des Eischnees unter die Eimasse rühren. Restlichen Eischnee vorsichtig unterheben. Den Teig in die Springform geben.

Rhabarber in 1 cm breite Streifen schneiden. Mit Speisestärke und 1 EL Zucker vermischen und auf dem Kuchen verteilen. Im Ofen auf mittlerer Schiene 75–80 Minuten backen (Garprobe machen, siehe Seite 264). Herausnehmen.

Backofengrill einschalten. Die restlichen 3 Eiweiße, 1 Prise Salz, den restlichen Zucker (175 g) und 1 TL Zitronensaft in eine Metallschüssel geben. Über dem Wasserbad aufschlagen, bis der Zucker sich aufgelöst und die Masse eine Temperatur von etwa 65 °C erreicht hat. Vom Wasserbad nehmen und auf hoher Stufe weiterschlagen, bis die Masse wieder fast abgekühlt ist. Die Masse auf dem kalten Kuchen verteilen. Mit einem Löffelrücken dekorative Spitzen aus dem Eiweiß ziehen. 1–2 Minuten im Backofen auf der oberen Schiene übergrillen, bis die Spitzen leicht gebräunt sind.

laktosefrei

# Buchteln mit Zwetschgen und Zuckerkruste

*Ein Genuss an einem kalten Wintertag. Wenn ich sie bei mir im Café mache und die Buchteln in der Auflaufform zur Vitrine bringe, sind sie weg, bevor sie abgekühlt sind. Der Duft ist so verführerisch, dass keiner widerstehen kann.*

**1 Auflaufform, 22 × 32 cm**

### Hefeteig

| | |
|---|---|
| 70 g | Butter |
| 600 g | Mehl |
| 1 Würfel | Hefe (42 g) |
| 80 g | Zucker |
| 150 ml | lauwarme Milch |
| 3 | Eier |
| ¼ TL | gemahlene Vanille |
| ¼ TL | Salz |

### Füllung

| | |
|---|---|
| 300 g | Zwetschgen |
| 75 g | Butter |
| 100 g | Zucker |
| ¾ TL | gemahlener Zimt |
| ¼ TL | gemahlene Vanille |
| 30 g | zerlassene Butter |

Aus den Zutaten einen Hefeteig zubereiten wie auf Seite 248 beschrieben und gehen lassen.

Für die Füllung die Zwetschgen entsteinen und in kleine Würfel schneiden. 25 g Butter mit 25 g Zucker, ¼ TL Zimt und der Vanille in einer Pfanne zerlassen. Die Zwetschgen dazugeben und bei großer Hitze 3–5 Minuten unter ständigem Rühren karamellisieren, bis die Flüssigkeit verdampft ist. Die Pfanne vom Herd nehmen und alles abkühlen lassen.

Den restlichen Zucker (75 g) mit dem restlichen Zimt (½ TL) vermischen. Eine Auflaufform dick mit 20 g Butter ausstreichen und mit der Hälfte der Zucker-Zimt-Mischung ausstreuen.

Aus dem Hefeteig 15 Kugeln formen. Jede Kugel etwas ausrollen und 1 TL Füllung daraufgeben. Die Ränder mit etwas Wasser bepinseln und die Kugeln gut verschließen. In die Auflaufform legen. Mit einem Handtuch abdecken und noch einmal 20 Minuten gehen lassen.

Backofen auf 180 °C vorheizen. Die restliche Butter zerlassen. Buchteln damit bepinseln und mit der restlichen Zucker-Zimt-Mischung bestreuen. Im Ofen auf mittlerer Schiene 30–35 Minuten backen.

**Tipp:** Marmelade, Nutella, Pudding oder Früchte eignen sich auch gut zum Füllen, aber auch ganz ohne Füllung scmecken sie gut.

# Johannisbeer-Baiser-Kuchen

*So ein ähnliches Rezept gab es schon in meinem ersten Backbuch. Doch ich habe mich ja weiterentwickelt. Dieses hier ist einfacher und nicht so mächtig.*

**1 Springform, 26 cm Ø**

**Mandelmürbeteig**

| | |
|---|---|
| 200 g | kalte Butter |
| 80 g | Puderzucker |
| 1 | Ei, Größe S |
| 40 g | gemahlene Mandeln |
| 300 g | Mehl |
| ¼ TL | Salz |

**Füllung**

| | |
|---|---|
| 200 g | gemahlene Mandeln |
| 700 g | Johannisbeeren |
| 40 g | Speisestärke |
| 8 | Eiweiß |
| 1 Prise | Salz |
| 280 g | Zucker |

*fettarm*

Aus den Zutaten einen Mandelmürbeteig zubereiten wie auf Seite 251 beschrieben und mindestens 2 Stunden im Kühlschrank ruhen lassen.

Backofen auf 200 °C Ober-/Unterhitze vorheizen. Den Teig kurz temperieren lassen und eine Springform damit auskleiden, dabei einen 5 cm hohen Rand ausformen. Boden blindbacken wie auf Seite 252 beschrieben. Herausnehmen und Backofentemperatur auf 175 °C senken.

Für die Füllung Mandeln im Ofen auf mittlerer Schiene 8–10 Minuten rösten. Herausnehmen, abkühlen lassen. Backofentemperatur halten. Johannisbeeren mit einer Gabel vom Stiel entfernen. Geröstete Mandeln mit der Speisestärke vermischen. 2 EL der Mandelmischung auf dem Kuchenboden verteilen, den Rest unter die Johannisbeeren heben.

Eiweiße mit 1 Prise Salz steif schlagen, dabei den Zucker einrieseln lassen. Weiterschlagen, bis ein glänzender Eischnee entstanden ist. Zwei Drittel des Eischnees unter die Johannisbeermischung heben. Auf dem Boden in der Springform verteilen. Restlichen Eischnee darübergeben und glatt streichen. Im Ofen auf mittlerer Schiene 70 Minuten backen. Nach der Hälfte der Backzeit mit Alufolie abdecken, damit das Baiser nicht zu dunkel wird.

# Espresso-Schokoladentarte

**1 Tarteform, 28 cm Ø**

**Schokoladenmürbeteig**

| | |
|---|---|
| 100 g | kalte Butter |
| 50 g | Puderzucker |
| 1 | Ei, Größe S |
| 190 g | Mehl |
| 30 g | Kakao |
| 1 Prise | Salz |
| ¼ TL | gemahlene Vanille |

**Füllung**

| | |
|---|---|
| 260 g | Schokolade (70 % Kakaoanteil) |
| 125 ml | Espresso |
| 3 EL | Kahlúa |
| 3 EL | Amaretto |
| 150 g | Löffelbiskuits |
| 250 g | Sahne |
| 3 | Eigelb |
| 40 g | Zucker |
| 1 Riegel | Vollmilchschokolade |

Aus den Zutaten einen Schokoladenmürbeteig zubereiten wie auf Seite 251 beschrieben.

Backofen auf 200 °C Ober-/Unterhitze vorheizen. Den Teig kurz temperieren lassen und eine Tarteform damit auskleiden. Boden blindbacken wie auf Seite 252 beschrieben.

40 g Schokolade raspeln und mahlen. Auf den heißen Tarteboden geben und mit einem Pinsel verstreichen. Schokolade auf dem Tarteboden im Kühlschrank fest werden lassen. Espresso, Kahlúa und Amaretto vermischen und die Löffelbiskuits damit tränken. Auf dem Tarteboden verteilen.

Für die Trüffelcreme die restliche Schokolade (220 g) und die Sahne in einer Metallschüssel über dem Wasserbad schmelzen. Herunternehmen und dann Eigelbe und Zucker in einer zweiten Metallschüssel über dem Wasserbad 5 Minuten schaumig schlagen. Schokoladensahne unterrühren und vom Wasserbad nehmen. Die Creme auf der Tarte verteilen und 2 Stunden im Kühlschrank fest werden lassen.

Vor dem Servieren mit einem Sparschäler Vollmilchschokoladenspäne über den Kuchen hobeln.

*für Könner*

# Apfeltarte mit Cashewkernen

**1 Tarteform, 28 cm Ø**

### Mürbeteig

| | |
|---|---|
| 100 g | kalte Butter |
| 50 g | Puderzucker |
| ¼ TL | gemahlene Vanille |
| 1 | Ei, Größe S |
| 220 g | Mehl |
| 1 Prise | Salz |

### Füllung & Belag

| | |
|---|---|
| 5 | Äpfel |
| 1 EL | Zitronensaft |
| 2 EL | Mehl |
| 120 g | Sahne |
| 2 | Eier |
| 260 g | gezuckerte Kondensmilch |
| ¼ TL | gemahlene Vanille |
| 1 TL | gemahlener Zimt |
| 1 Prise | Salz |
| 200 g | Cashewkerne |
| 80 g | Butter |

Aus den Zutaten einen Mürbeteig zubereiten wie auf Seite 250 beschrieben und mindestens 2 Stunden im Kühlschrank ruhen lassen.

Backofen auf 200 °C Ober-/Unterhitze vorheizen. Den Teig kurz temperieren lassen und eine Tarteform damit auskleiden. Boden blindbacken wie auf Seite 252 beschrieben. Backtemperatur auf 180 °C Ober-/Unterhitze reduzieren.

Für die Füllung die Äpfel schälen, vierteln und das Kerngehäuse entfernen. In dünne Scheiben schneiden und mit Zitronensaft vermischen. Die Äpfel auf dem Tarteboden verteilen. Für den Guss Mehl in eine Schüssel geben und mit etwas Sahne glatt rühren. Restliche Sahne, Eier, 100 g Kondensmilch, Vanille, Zimt und Salz einrühren. Über den Äpfeln verteilen.

Für den Belag Cashewkerne hacken. Butter und restliche Kondensmilch (160 g) in einem Topf erwärmen, bis die Butter geschmolzen ist. Cashewkerne dazugeben. 3–5 Minuten unter Rühren köcheln lassen, bis die Flüssigkeit eingekocht ist. Die Masse auf der Tarte verteilen. Im Ofen auf der mittleren Schiene 30 Minuten backen. Herausnehmen und abkühlen lassen.

*gut vorzubereiten*

*Klassiker*

# Bienenstich

*Ich habe einige Zeit in einem kleinen Dorf auf dem Land gelebt. Es gab dort bei einem Bäcker den besten Bienenstich der Welt. Jeden Tag musste ich ein Stück davon essen – wenn ich zu spät kam und es keinen Bienenstich mehr gab, war meine Laune dahin.*

**1 Backblech, 35 × 45 cm**
**1 Backrahmen, 25 × 30 cm**

**Hefeteig**

| | |
|---|---|
| 80 g | Butter |
| 400 g | Mehl |
| 30 g | frische Hefe |
| 80 g | Zucker |
| 150 ml | lauwarme Milch |
| 2 | Eier |
| ¼ TL | gemahlene Vanille |
| ½ TL | Salz |

**Belag & Füllung**

| | |
|---|---|
| 60 g | Butter |
| 100 g | Zucker |
| 320 g | Sahne |
| 150 g | Mandelblättchen |
| 3 Blatt | Gelatine |
| 1 Päckchen | Vanillepuddingpulver |
| 500 ml | Milch |

**Variante:** Für einen **Kokos-Bienenstich** die Mandelblättchen durch Kokoschips ersetzen. Beim Pudding statt Milch Kokosmilch verwenden.

Aus den Zutaten einen Hefeteig zubereiten wie auf Seite 248 beschrieben und gehen lassen.

In der Zwischenzeit für den Belag die Butter mit 75 g Zucker und 70 g Sahne in einem Topf erwärmen. Sobald die Mischung kocht, die Mandelblättchen dazugeben und unter Rühren so lange weiterkochen, bis die Flüssigkeit von den Mandeln aufgesogen ist. Vom Herd nehmen.

Backofen auf 200 °C Ober-/Unterhitze vorheizen. Ein Blech mit Backpapier auslegen und einen Backrahmen daraufstellen. Den Teig im Backrahmen verteilen. Den Belag gleichmäßig auf den Hefeteig streichen. Kuchen noch einmal 10 Minuten gehen lassen. Dann im Ofen auf mittlerer Schiene 20–25 Minuten backen. Herausnehmen und abkühlen lassen. Den Backrahmen abnehmen.

Für die Füllung Gelatine in etwas kaltem Wasser einweichen. Den Pudding nach Packungsanweisung mit dem restlichen Zucker (25 g) und der Milch zubereiten. Die Gelatine ausdrücken und gut im warmen Pudding verrühren. Die restliche Sahne (250 g) steif schlagen und unterheben, sobald der Pudding etwas abgekühlt ist.

Den gebackenen, abgekühlten Kuchen waagerecht durchschneiden. Den Backrahmen um den unteren Boden spannen. Den Pudding auf dem Boden verteilen und den Deckel mit den Mandeln aufsetzen. 1 Stunde im Kühlschrank fest werden lassen.

# Zwetschgenkuchen

*Dieser vegane Hefeteig ist eine gute Grundlage für Blechkuchen und kann nach Belieben auch mit Äpfeln, Birnen, Aprikosen oder Pfirsichen belegt werden.*

**1 tiefes Backblech, 35 × 45 cm**

| | |
|---|---|
| 500 g | Mehl |
| 1 Würfel | Hefe (42 g) |
| 200 ml | Sojamilch |
| 180 g | Zucker |
| ¼ TL | Salz |
| 80 ml | Sonnenblumenöl |
| 2 kg | Zwetschgen |
| 1 TL | gemahlener Zimt |

Für den Teig Mehl in eine Schüssel geben und in der Mitte eine Mulde formen. Die Hefe hineinbröckeln. Etwas Sojamilch dazugießen und rühren, bis die Hefe sich aufgelöst hat. Abgedeckt 15 Minuten gehen lassen. 100 g Zucker, die restliche Sojamilch, Salz und Sonnenblumenöl dazugeben. Alles in 5–10 Minuten zu einem glatten Hefeteig verkneten. Abgedeckt 2 Stunden gehen lassen.

Ein Backblech mit Backpapier auslegen oder einfetten. Den Hefeteig ausrollen und auf das Blech legen. Zwetschgen halbieren und entsteinen. Mit der Schnittfläche nach oben dachziegelartig dicht an dicht auf den Boden setzen. Abgedeckt noch einmal 20 Minuten gehen lassen.

Backofen auf 180 °C Ober-/Unterhitze vorheizen. Den restlichen Zucker (80 g) mit 1 TL Zimt vermischen. Zimtzucker über die Zwetschgen streuen. Im Ofen auf mittlerer Schiene 25–30 Minuten backen. Herausnehmen und abkühlen lassen.

**Tipp:** Auch für veganen Hefekuchen gelten die Tipps auf Seite 249.

*vegan*

# Rosenkuchen mit Walnusskernen

*Man kann als Füllung frische Früchte, Nusskerne, Mandeln und/oder Soja-pudding verwenden. Aber auch einfach nur mit Marmelade schmeckt der Rosenkuchen wunderbar.*

**1 Springform, 28 cm Ø**

| | |
|---|---|
| 500 g | Mehl |
| 1 Würfel | Hefe (42 g) |
| 200 ml | Sojamilch |
| 200 g | Zucker |
| ¼ TL | Salz |
| 80 ml | Sonnenblumenöl |
| 120 ml | Walnussöl |
| 1 TL | gemahlener Zimt |
| 200 g | Walnusskerne |
| 1 | Apfel |
| 150 g | Marzipan |

Für den Teig Mehl in eine Schüssel geben und in der Mitte eine Mulde formen. Die Hefe hineinbröckeln. Etwas Sojamilch dazu-gießen und rühren, bis die Hefe sich aufgelöst hat. Abgedeckt 15 Minuten gehen lassen. 100 g Zucker, restliche Sojamilch, Salz und Sonnenblumenöl dazugeben. Alles in 5–10 Minuten zu einem glatten Hefeteig verkneten. Abgedeckt 2 Stunden gehen lassen.

Eine Springform einfetten. Den Hefeteig zu einem Rechteck (40 × 50 cm) ausrollen. Mit 100 ml Walnussöl bestreichen. Restlichen Zucker (100 g) und den Zimt vermischen. Auf den Teig streuen. Walnusskerne grob hacken. Apfel halbieren, ent-kernen und reiben. Marzipan reiben. Alles auf dem Zimtzucker verteilen.

Den Teig von der langen Seite her aufrollen. Die Rolle in 12 Scheiben schneiden. Die Scheiben mit der Schnittfläche nach oben in die Springform setzen. Abgedeckt noch einmal 20 Minuten gehen lassen.

Backofen auf 180 °C Ober-/Unterhitze vorheizen. Den Kuchen mit dem restlichen Walnussöl (20 ml) bepinseln. Im Ofen auf mittlerer Schiene 35–40 Minuten backen. Herausnehmen und abkühlen lassen.

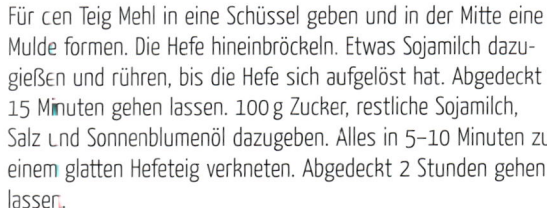

*vegan*

*einfach*

# Walnuss-Birnen-Kuchen mit Frischkäseguss

**1 Springform, 26 cm Ø**

### Boden

| | |
|---|---|
| 180 g | Mehl |
| 1 ½ TL | gemahlener Zimt |
| 1 ½ TL | geriebene Muskatnuss |
| ¼ TL | gemahlene Vanille |
| 1 ½ TL | Backnatron |
| ½ TL | Salz |
| 500 g | Birnen (oder 1 Dose Birnen, 460 g Abtropfgewicht) |
| 150 g | Walnusskerne |
| 3 | Eier |
| 200 g | Zucker |
| 1 EL | Melasse |
| 200 ml | Speiseöl |

### Frischkäseguss

| | |
|---|---|
| 500 g | Frischkäse |
| 200 g | Puderzucker |
| 125 g | weiche Butter |

Backofen auf 175 °C Ober-/Unterhitze vorheizen. Eine Springform einfetten. Für den Teig Mehl, Zimt, Muskat, Vanille, Natron und Salz in eine Schüssel sieben.

Birnen schälen, vom Kerngehäuse befreien und raspeln oder in kleine Stücke schneiden. Bei Verwendung von Dosenbirnen diese vorher gut abtropfen lassen. Walnusskerne hacken.

Eier, Zucker und Melasse mit dem Handrührgerät zu einer hellschaumigen Masse verarbeiten. Das Öl einrühren und dann die Mehlmischung. Birnen und Walnusskerne unter den Teig heben. Den Teig in die Form füllen und auf mittlerer Schiene 50–60 Minuten backen. Garbprobe machen (Seite 264).

Den Kuchen aus dem Ofen nehmen. 30 Minuten in der Form abkühlen lassen, dann den Ring der Springform entfernen und den Kuchen vollständig abkühlen lassen.

Für den Guss Frischkäse und Puderzucker glatt rühren. Die weiche Butter in kleinen Portionen nach und nach einrühren. Die Masse auf dem Kuchen verteilen.

# Hefekuchen mit Mandeln

*Der Kuchen mundet mir frisch am besten. Am nächsten Tag ist er nicht mehr so weich. Meistens ist er dann sowieso schon aufgegessen, aber wenn doch mal etwas übrig bleibt, gibt es einen Trick: Kurz im Backofen durchwärmen. Dann schmeckt er wie frisch gebacken!*

**1 tiefes Backblech, 35 × 45 cm**

**Hefeteig**

| | |
|---|---|
| 100 g | Butter |
| 600 g | Mehl |
| 1 Würfel | Hefe (42 g) |
| 120 g | Zucker |
| 100 ml | lauwarme Milch |
| 3 | Eier |
| ¼ TL | gemahlene Vanille |
| 1 | gestrichener TL Salz |

**Belag**

| | |
|---|---|
| 300 g | gemahlene Mandeln |
| 300 g | Zucker |
| 300 g | Butter |
| ¼ TL | gemahlene Vanille |
| 3 EL | Milch |
| 1 Prise | Salz |

Aus den Zutaten einen Hefeteig zubereiten wie auf Seite 248 beschrieben und gehen lassen. Das Backblech einfetten. Hefeteig ausrollen und auf das Backblech legen. Abgedeckt noch einmal 20 Minuten gehen lassen.

Backofen auf 200 °C Ober-/Unterhitze vorheizen. Für den Belag alle Zutaten in einen Topf geben und unter ständigem Rühren erhitzen, bis die Butter geschmolzen ist. Auf dem Hefeteig verteilen. Im Ofen auf der mittleren Schiene 25–30 Minuten backen. Herausnehmen und abkühlen lassen.

**Variante:** Für einen **Blaubeerkuchen** den Hefeteig zubereiten wie oben beschrieben. Als Belag 1,2 kg Blaubeeren auf den Teig geben. 200 g Zucker mit 2 EL gemahlenem Zimt mischen und Zimtzucker über die Blaubeeren streuen. Backen wie oben beschrieben.

*einfach*

# Karamellisierte Johannisbeertarte

*Wenn Sie keinen Bunsenbrenner haben – kein Problem. Die Tarte schmeckt auch ohne Karamellkruste. Die Füllung ist vielseitig einsetzbar. Ich habe immer eine Schüssel davon im Kühlschrank und mache daraus unterschiedliche Früchtetartes oder backe sie ganz ohne Obst in einer Tarteform und gebe anschließend noch einen Belag darauf.*

**1 Springform, 26 cm Ø**

**Boden**

| | |
|---|---|
| 100 g | kalte Butter |
| 50 g | Puderzucker |
| ¼ TL | gemahlene Vanille |
| 1 | Ei, Größe S |
| 220 g | Mehl |
| 1 Prise | Salz |

**Füllung**

| | |
|---|---|
| 400 g | Johannisbeeren |
| 1 EL | Speisestärke |
| 500 g | Sahne |
| 7 | Eigelb |
| 100 g | Zucker |
| ¼ TL | gemahlene Vanille |
| 3 EL | Zucker |

Aus den Zutaten einen Mürbeteig zubereiten wie auf Seite 250 beschrieben. Mindestens 2 Stunden und maximal 4 Tage im Kühlschrank ruhen lassen.

Backofen auf 200 °C Ober-/Unterhitze vorheizen. Den Teig kurz temperieren lassen und eine Springform mit dem Teig auskleiden. Einen Rand ausformen. Boden blindbacken wie auf Seite 252 beschrieben. Herausnehmen und abkühlen lassen. Backofentemperatur auf 170 °C senken.

Johannisbeeren entrispen, mit der Speisestärke mischen und auf dem Boden verteilen. Alle anderen Zutaten mit dem Schneebesen verrühren. Die Füllung auf dem Obst verteilen und den Kuchen auf der mittleren Schiene 30–40 Minuten backen, bis die Füllung fest ist. Aus dem Ofen nehmen, abkühlen lassen und aus der Tarteform lösen.

Vor dem Servieren mit dem Zucker bestreuen und diesen mit einem Bunsenbrenner oder Crème-Brulée-Brenner karamellisieren. Darauf achten, dass der Rand der Tarte ausgespart wird, da dieser schnell anbrennt.

**Tipp:** Da die Füllung vor dem Backen flüssig ist, sollte man die Form vorsichtig in den Backofen stellen, damit nichts überschwappt. Wer einen Backofen mit Backschublade hat, gießt die Füllung erst in die Form, wenn der Kuchen schon auf dem Blech steht.

*macht Eindruck*

119

# Rhabarberwähe mit Vanillecreme

*Beim Backen einer Wähe sollte man immer im Kopf haben, dass der Teig beim Backen ordentlich aufgeht – also die Form nie zu voll machen!*

**1 Tarteform, 30 cm Ø**

**Hefeteig**

| | |
|---|---|
| 40 g | Butter |
| 300 g | Mehl |
| 25 g | frische Hefe |
| 60 g | Zucker |
| 80 ml | lauwarme Milch |
| 1 | Ei |
| ¼ TL | gemahlene Vanille |
| ¼ TL | Salz |

**Belag**

| | |
|---|---|
| 650 g | Rhabarber |
| 25 g | Vanillepuddingpulver |
| 300 ml | Milch |
| 100 g | Zucker |
| 80 g | Butter |
| 2 | Eier |

Aus den Zutaten einen Hefeteig zubereiten wie auf Seite 248 beschrieben und gehen lassen.

Eine Tarteform einfetten. Mit Hefeteig auskleiden, dabei einen Rand ausformen. Den Rhabarber in Stücke schneiden und darauf verteilen. Abgedeckt 15 Minuten gehen lassen.

Backofen auf 180 °C Ober-/Unterhitze vorheizen. Für den Guss das Puddingpulver mit 5 EL Milch und 2 EL Zucker glatt rühren. Die restliche Milch aufkochen, die Puddingpulvermischung einrühren und unter ständigem Rühren ein paar Mal aufwallen lassen. Den Topf vom Herd nehmen.

Butter in der Puddingmasse zerlassen, dann den restlichen Zucker einrühren und zum Schluss die Eier. Den Guss über dem Rhabarber verteilen. Im Ofen auf mittlerer Schiene 50 Minuten backen. Herausnehmen und abkühlen lassen.

*fettarm*

# Schwedische Mandeltorte

**1 Backblech, 35 × 45 cm**

|          |                   |
|---------:|-------------------|
| 8        | Eier              |
| 1 Prise  | Salz              |
| 410 g    | Zucker            |
| 200 g    | gemahlene Mandeln |
| 100 g    | Mandelblättchen   |
| 200 g    | Sahne             |
| ¼ TL     | gemahlene Vanille |
| 300 g    | weiche Butter     |

**Tipp:** Es ist sehr wichtig, dass Creme und Butter dieselbe Temperatur haben, wenn sie zusammengerührt werden, sonst verbinden sie sich nicht!

Backofen auf 160 °C Umluft vorheizen. Backblech mit Backpapier auslegen. Eier trennen. Eiweiße mit Salz steif schlagen, dabei 250 g Zucker einrieseln lassen und weiterschlagen, bis ein glänzender Eischnee entstanden ist. Die Mandeln unterheben.

Die Hälfte des Teigs auf dem Backpapier zu einem Kreis (26 cm Ø) verstreichen. Im Ofen 20 Minuten auf mittlerer Schiene backen. Mit dem restlichen Teig ebenso verfahren. Böden herausnehmen und abkühlen lassen. Die Backofentemperatur halten.

Backpapier auf ein Backblech legen. Die Mandelblättchen auf das Backpapier geben. Im Ofen auf mittlerer Schiene 5–8 Minuten rösten, bis sie Farbe annehmen und zu duften beginnen. Herausnehmen und abkühlen lassen.

Für die Vanillecreme Eigelbe, Sahne, Vanille und den restlichen Zucker (160 g) in einer Metallschüssel verrühren. Über dem Wasserbad unter Rühren erhitzen, bis die Masse eindickt. Herunternehmen und kalt schlagen. Anschließend nach und nach die Butter dazugeben und einarbeiten.

Die Hälfte der Creme auf einem Boden verteilen, den zweiten Boden darauflegen. Den Kuchen rundherum mit der restlichen Creme bestreichen. Mit den Mandelblättchen bestreuen und auch einige am Rand festdrücken. Bis zum Servieren in den Kühlschrank stellen.

*glutenfrei*

# Butterkuchen mit Marzipan

**1 Backblech, 35 × 45 cm**

### Hefeteig

| | |
|---|---|
| 70 g | Butter |
| 600 g | Mehl |
| 1 Würfel | Hefe (42 g) |
| 80 g | Zucker |
| 150 ml | lauwarme Milch |
| 3 | Eier |
| ¼ TL | gemahlene Vanille |
| ¼ TL | Salz |

### Belag

| | |
|---|---|
| 200 g | Marzipan |
| 200 g | weiche Butter |
| 150 g | Zucker |
| ¼ TL | gemahlene Vanille |
| 100 g | Mandelblättchen |

Aus den Zutaten einen Hefeteig zubereiten wie auf Seite 248 beschrieben und gehen lassen.

Backofen auf 220 °C Ober-/Unterhitze vorheizen. Ein Backblech mit Backpapier auslegen. Den Teig auf dem Backpapier ausrollen. 20 Minuten abgedeckt gehen lassen.

Marzipan und Butter schaumig schlagen und in einen Spritzbeutel füllen. Mit einem Kochlöffelstiel Löcher in den Teig drücken. Die Löcher mit der Marzipanbutter füllen. Zucker und Vanille vermischen. Gleichmäßig über den Teig streuen. Die Mandelblättchen daraufgeben.

Im Ofen auf mittlerer Schiene 5 Minuten backen, dann die Backofentemperatur auf 200 °C reduzieren, 12–15 Minuten weiterbacken. Herausnehmen und auf einem Kuchengitter abkühlen lassen.

**Variante:** Für einen **klassischen Butterkuchen** das Marzipan weglassen und dafür 300 g Butter in die Löcher füllen. 200 g Zucker mit der Vanille mischen und auf den Kuchen streuen, dann die Mandelblättchen.

*einfach*

# Brombeertarte mit weißer Schokolade

*Diese schnelle Tarte lässt sich mit allen Beerensorten backen, aber auch Äpfel, Zwetschgen oder Rhabarber können die Brombeeren ersetzen.*

**2 rechteckige Tarteformen, 36 × 12 cm oder 1 Tarteform, 28 cm Ø**

**Mürbeteig**

| | |
|---|---|
| 100 g | kalte Butter |
| 50 g | Puderzucker |
| ¼ TL | gemahlene Vanille |
| 1 | Ei, Größe S |
| 220 g | Mehl |
| 1 Prise | Salz |

**Belag**

| | |
|---|---|
| 200 g | weiße Schokolade |
| 200 g | Sahne |
| 40 g | Zucker |
| 1 Prise | Salz |
| 70 g | weiche Butter |
| 2 | Eier |
| 400 g | Brombeeren |
| 2 EL | Mandelblättchen |

Aus den Zutaten einen Mürbeteig zubereiten wie auf Seite 250 beschrieben. Mindestens 2 Stunden und maximal 4 Tage im Kühlschrank ruhen lassen.

Backofen auf 200 °C Ober-/Unterhitze vorheizen. Den Teig kurz temperieren lassen und eine Tarteform mit dem Teig auskleiden. Boden blindbacken wie auf Seite 252 beschrieben. Herausnehmen und abkühlen lassen. Backofentemperatur auf 175 °C Ober-/Unterhitze senken.

Für die Schokoladenmasse die Schokolade hacken. Sahne, Zucker und Salz in einem Topf aufkochen. Den Topf vom Herd nehmen. In der Sahne zuerst die weiße Schokolade und dann die Butter schmelzen. Eier verquirlen und unter ständigem Rühren dazugeben.

Die Brombeeren auf dem Tarteboden verteilen. Die Schokoladenmasse darübergeben. Mit Mandelblättchen bestreuen. Den Kuchen im Ofen auf mittlerer Schiene 30 Minuten backen. Herausnehmen und abkühlen lassen.

*leicht zu variieren*

# Schokokusstorte

*Wer mich kennt, weiß von meiner Vorliebe für Schokoküsse. Es kommt selten vor, dass ich keine im Haus habe. Da ich für das Café viel in Großmärkten unterwegs bin, kaufe ich meist eine größere Menge davon. Und wenn es dann doch zu viele sind, wird diese Torte gebacken. Die ist immer in null Komma nichts aufgegessen.*

**1 Springform, 24 cm Ø**
**1 Tortenring**

**Biskuit**

| | |
|---|---|
| 60 g | Butter |
| 5 | Eier |
| 1 | Eigelb |
| 150 g | Zucker |
| ¼ TL | gemahlene Vanille |
| 1 Prise | Salz |
| 150 g | Mehl |

**Füllung & Belag**

| | |
|---|---|
| 2 Dosen | Mandarinen (à 310 g) |
| 12 | Schokoküsse |
| 150 g | Sauerrahm |
| 2 EL | Zitronensaft |
| 250 g | Magerquark |
| 500 g | Sahne |
| 3 Päckchen | Sahnesteif |
| 3 TL | Zucker |

Aus den Zutaten einen Biskuit backen wie im Grundrezept 1 auf Seite 256 beschrieben. Herausnehmen und abkühlen lassen. Die Springform abnehmen und den Boden zweimal waagerecht durchschneiden.

Die Mandarinenspalten gut abtropfen lassen. Einige schöne Spalten für die Dekoration beiseitelegen. Die Waffelböden der Schokoküsse abtrennen und beiseitelegen. Schokoküsse mit Sauerrahm, Zitronensaft und Quark verrühren. Die Sahne mit 2 Päckchen Sahnesteif und dem Zucker steif schlagen. Sahne unter die Schokokussmasse heben.

Einen Tortenring um den ersten Boden spannen. Das letzte Päckchen Sahnesteif daraufstreuen und die Mandarinen darüber verteilen. Ein Drittel der Schokokusscreme daraufgeben. Den zweiten Boden auf den Kuchen setzen und wiederum ein Drittel der Creme darauf verteilen. Den letzten Boden daraufsetzen. 30 Minuten in den Kühlschrank stellen.

Die Torte aus dem Kühlschrank nehmen und den Tortenring entfernen. Die Torte mit der restlichen Creme rundherum einstreichen. Mit den Mandarinen und den Waffelböden verzieren.

ungewöhnlich

*mit eingefrorenem Boden fix fertig*

# Beerentarte mit Vanillecreme

**1 Tarteform, 28 cm Ø**

**Mürbeteig**

| | |
|---|---|
| 100 g | kalte Butter |
| 50 g | Puderzucker |
| ¼ TL | gemahlene Vanille |
| 1 | Ei, Größe S |
| 220 g | Mehl |
| 1 Prise | Salz |

**Füllung**

| | |
|---|---|
| 130 g | Zucker |
| 40 g | Speisestärke |
| 4 | Eigelb |
| 500 ml | Milch |
| 1 | Vanilleschote |
| 500 g | gemischte Beeren |
| 1 Päckchen | Tortenguss |

Aus den Zutaten einen Mürbeteig zubereiten wie auf Seite 250 beschrieben. Mindestens 2 Stunden und maximal 4 Tage im Kühlschrank ruhen lassen.

Backofen auf 200 °C vorheizen. Teig kurz temperieren lassen und eine Tarteform mit dem Teig auskleiden. Die Tarte blindbacken wie auf Seite 252 beschrieben. Herausnehmen und abkühlen lassen.

Für die Füllung 100 g Zucker, Speisestärke, Eigelbe und 100 ml Milch in einer Metallschüssel verrühren. Restliche Milch (400 ml) mit der Vanilleschote in einen Topf geben und aufkochen. Vom Herd nehmen, Vanilleschote entfernen und die heiße Milch unter Rühren in die Eigelbmischung gießen.

Die Schüssel auf das Wasserbad stellen und die Eigelbmischung zur Rose abziehen (siehe Seite 262). Die Creme auf dem Tarteboden verteilen und abkühlen lassen. Die Beeren auf der Creme verteilen. Tortenguss nach Packungsanleitung mit 250 ml Wasser und restlichem Zucker (30 g) zubereiten und über die Beeren löffeln. Fest werden lassen.

# Piña-Colada-Tarte

Tarteboden backen wie auf Seite 252 beschrieben. Für die Creme 100 g Zucker, 40 g Speisestärke, 4 Eigelbe und 200 ml Ananassaft in einer Metallschüssel verrühren. 200 g Sahne und 100 ml Batida de Coco in einen Topf geben und aufkochen. Vom Herd nehmen und unter Rühren in die Eigelbmischung gießen. Die Schüssel auf das Wasserbad stellen und die Eigelbmischung zur Rose abziehen (Seite 262). Die Creme auf dem Tarteboden verteilen und abkühlen lassen. Für den Belag 200 g Sahne, 50 g Mascarpone und 1 TL Zucker steif schlagen und auf der Tarte verteilen, mit 2 EL Kokoschips bestreuen.

# Johannisbeer-Orangen-Tarte

Tarteboden backen wie auf Seite 252 beschrieben. Backofentemperatur auf 160 °C senken. 100 g Zucker, 30 ml Orangenlikör, 70 ml Milch, 40 g Speisestärke und die abgeriebene Schale von 1 Bio-Orange in einer Metallschüssel verrühren. 400 ml Milch in einen Topf geben und aufkochen. Vom Herd nehmen und die heiße Milch unter Rühren in die Eigelbmischung gießen. Die Schüssel auf das Wasserbad stellen und die Eigelbmischung zur Rose abziehen (Seite 262). 80 g Butter, 50 g Zucker und 1 Ei in die heiße Creme rühren. 400 g Johannisbeeren von den Rispen befreien und unterheben. Die Creme auf dem Tarteboden verteilen. Im Ofen auf mittlerer Schiene 30 Minuten backen.

# Mokkatarte

Aus Schokoladenmürbeteig (Seite 251) einen Tarteboden backen wie auf Seite 252 beschrieben. Die Füllung zubereiten wie auf Seite 252 beschrieben, dabei 1 EL Instant-Espressopulver in der heißen Milch auflösen. Die Creme auf dem Tarteboden verteilen und abkühlen lassen. Für den Belag 200 g Schokolade, 80 g Butter und 1 EL Honig in eine Metallschüssel geben. Schokolade über dem Wasserbad schmelzen und auf der abgekühlten Creme verteilen. Fest werden lassen. 50 g Sahne steif schlagen, in einen Spritzbeutel füllen. Tupfen auf die Tarte spritzen. Jeweils 1 Mokkabohne auf die Tupfen setzen.

# Maracujatarte mit Mango

Tarteboden backen wie auf Seite 252 beschrieben. Für die Creme 70 g Zucker, 40 g Speisestärke, 4 Eigelbe und 100 ml Maracujasaft in einer Metallschüssel verrühren. 380 ml Maracujasaft und 2 EL Zitronensaft in einen Topf geben und aufkochen. Vom Herd nehmen und unter Rühren in die Eigelbmischung gießen. Die Schüssel auf das Wasserbad stellen und die Eigelbmischung zur Rose abziehen (Seite 262). 100 g kalte Butter in der Creme schmelzen. Die Creme auf dem Tarteboden verteilen und abkühlen lassen. Für den Belag 2 Mangos schälen und das Fruchtfleisch in sehr dünnen Scheiben vom Kern abschneiden. Die Scheiben kreisförmig von außen nach innen auf die Füllung legen, sodass eine Mangorosette entsteht. 1 Päckchen weißen Tortenguss nach Packungsanleitung zubereiten. Tortenguss über die Mangorosette löffeln. Fest werden lassen.

# Fisherman's-Friend-Tarte

Tarteboden backen wie auf Seite 252 beschrieben. Creme zubereiten wie oben beschrieben, dabei 1 Packung (25 g) gehackte Fisherman's-Friend-Pastillen in der heißen Milch auflösen. Die fertige Creme auf der Tarte verteilen und abkühlen lassen. Eine Melone halbieren, entkernen und mit einem Kugelausstecher kleine Kugeln ausstechen. Auf der Tarte verteilen. Hellen Tortenguss nach Packungsanleitung herstellen und die Melonenkugeln damit fixieren.

# Spekulatiustarte

Aus Schokoladenmürbeteig (Seite 251) einen Tarteboden backen wie Seite 252 beschrieben. Die Creme zubereiten wie oben beschrieben, dabei 500 ml Milch erhitzen und 100 g Spekulatius darin auflösen. Die Masse auf dem Tarteboden verteilen und abkühlen lassen. 200 g Marzipan zu einem Kreis (28 cm Ø) ausrollen und auf die Tarte legen. 50 g Spekulatius zerbröseln und die Tarte damit verzieren.

# Mandeltarte mit Birnen

Tarteboden backen wie auf Seite 252 beschrieben. Backofentemperatur auf 175 °C Ober-/Unterhitze senken. Für die Creme 100 g Zucker, 40 g Speisestärke, 4 Eigelbe und 100 ml Milch in einer Metallschüssel verrühren. 300 ml Milch und 150 ml Amaretto in einen Topf geben und aufkochen. Vom Herd nehmen und unter Rühren in die Eigelbmischung gießen. Die Schüssel auf das Wasserbad stellen und die Eigelbmischung zur Rose abziehen (Seite 262). In der fertigen Creme 80 g Butter schmelzen. 50 g Zucker, 100 g gemahlene Mandeln und 1 Ei einrühren. Masse auf dem Tarteboden verteilen. 2 Birnen schälen, vierteln und das Kerngehäuse entfernen. Birnenviertel auf der Creme verteilen. Mit Mandelblättchen bestreuen. Im Ofen auf mittlerer Schiene 30 Minuten backen.

# Cassis-Rotwein-Tarte mit Baiser

Tarteboden backen wie auf Seite 252 beschrieben. Backofentemperatur auf 160 °C senken. Für die Creme 100 g Zucker, 40 g Speisestärke, 4 Eigelbe und 100 ml Cassis in einer Metallschüssel verrühren. 300 ml Rotwein und 100 ml Cassis in einen Topf geben und aufkochen. Vom Herd nehmen und unter Rühren in die Eigelbmischung gießen. Die Schüssel auf das Wasserbad stellen und die Eigelbmischung zur Rose abziehen (Seite 262). 100 g kalte Butter in der Creme schmelzen. Die Creme auf dem Tarteboden verteilen und abkühlen lassen. 3 Eiweiße steif schlagen, dabei 150 g Zucker einrieseln lassen und weiterschlagen, bis ein glänzender Eischnee entstanden ist. 1 EL Speisestärke darübersieben und unterheben. Eischnee in einen Spritzbeutel (13 mm Lochtülle) füllen und kreisförmig auf die Creme spritzen (oder einfach darauf verstreichen). Im Ofen auf mittlerer Schiene 20 Minuten backen. Der Backofen ausschalten und die Tarte 1 Stunde bei leicht geöffneter Ofentür ruhen lassen.

# Zitronentarte mit Baiser

Tarteboden backen wie auf Seite 252 beschrieben. Backofentemperatur auf 160 °C Ober-/Unterhitze senken. Für die Creme 100 g Zucker, 40 g Speisestärke, 4 Eigelbe und 200 ml Zitronensaft in einer Metallschüssel verrühren. 300 ml Milch und die abgeriebene Schale von 1 Bio-Zitrone in einen Topf geben und aufkochen. Vom Herd nehmen und unter Rühren in die Eigelbmischung gießen. Die Schüssel auf das Wasserbad stellen und die Eigelbmischung zur Rose abziehen (Seite 262). Die Creme auf dem Tarteboden verteilen und abkühlen lassen. Für den Belag 3 Eiweiße mit 1 Prise Salz steif schlagen, dabei 150 g Zucker einrieseln lassen und weiterschlagen, bis ein glänzender Eischnee entstanden ist. 1 EL Speisestärke darübersieben und unterheben. Eischnee auf der Creme verteilen. Im Ofen auf mittlerer Schiene 20 Minuten backen. Den Backofen ausschalten und die Tarte 1 Stunde bei leicht geöffneter Ofentür ruhen lassen.

**Tipp:** Für Schokoladenmürbeteig 30 g Mehl durch Kakao ersetzen. Genaue Beschreibung siehe Seite 251.

Außergewöhnlich

exotisch

# Puddingcreme-Torte mit Kokos und Melone

*Die Füllung dieses Kuchens habe ich schon als Kind geliebt. Es ist eigentlich ein Pudding meiner philippinischen Tante. Sie bäckt ihn in einer Kastenform ganz ohne Boden. Den Melonenbelag kann man auch weglassen, er ist mehr fürs Auge gedacht.*

**1 Springform, 26 cm Ø**

**Kokosmürbeteig**

| | |
|---|---|
| 200 g | kalte Butter, in Stückchen |
| 100 g | Puderzucker |
| ¼ TL | gemahlene Vanille |
| 1 | Ei, Größe S |
| 60 g | Kokosraspel |
| 300 g | Mehl |
| ¼ TL | Salz |

**Füllung & Belag**

| | |
|---|---|
| 1 | Vanilleschote |
| 600 g | gezuckerte Kondensmilch |
| 600 g | Kokosmilch |
| 1 Prise | Salz |
| 10 | Eigelb |
| ½ | Melone (Galia oder Charentais) |
| 1 Päckchen | Tortenguss |
| 2 EL | Zucker |

Aus den Zutaten einen Mürbeteig zubereiten wie auf Seite 250 beschrieben. Mindestens 2 Stunden und maximal 4 Tage im Kühlschrank ruhen lassen.

Backofen auf 200 °C vorheizen. Teig kurz temperieren lassen und eine Springform damit auskleiden, dabei einen 5 cm hohen Rand ausformen. Die Tarte blindbacken wie auf Seite 252 beschrieben. Herausnehmen und abkühlen lassen. Die Backofentemperatur auf 175 °C reduzieren.

Für die Füllung die Vanilleschote aufschlitzen und das Mark herauskratzen. Kondensmilch, Kokosmilch, Salz, Vanilleschote und -mark in einem großen Topf unter Rühren bei mittlerer Hitze aufkochen. (Achtung! Beim Aufkochen brennt die Masse leicht an.) 5 Minuten sanft köcheln lassen.

Milchmischung vom Herd nehmen, etwas abkühlen lassen und die Vanilleschote entfernen. Eigelbe in eine große Schüssel geben. Die heiße Milchmischung unter ständigem Rühren in die Eigelbe rühren. Die Masse auf den vorgebackenen Boden gießen. Im Ofen auf mittlerer Schiene 45–50 Minuten backen, bis die Füllung gestockt ist. Herausnehmen und vollständig abkühlen lassen.

Vor dem Servieren Melonen entkernen und mit einem Kugelausstecher kleine Kugeln aus dem Fruchtfleisch lösen. Auf der Tarte verteilen. Hellen Tortenguss nach Packungsanleitung mit Zucker herstellen und die Melonenkugeln damit fixieren.

# Kürbiskerntorte

*Ein Muss für alle Körnerfans. Statt der Kürbiskerne kann man auch Haselnusskerne, Mandeln oder Sonnenblumenkerne verwenden.*

**1 Springform, 26 cm Ø**
**1 Tortenring**

| | |
|---|---|
| 200 g | Kürbiskerne |
| 8 | Eier |
| 230 g | Zucker |
| ¼ TL | gemahlene Vanille |
| 60 ml | Kürbiskernöl |
| 100 g | Mehl |
| 1 Prise | Salz |
| 5 Blatt | Gelatine |
| 300 ml | Milch |
| 300 g | Sahne |
| 5 | Eigelb |
| 250 g | weiße Schokolade |
| 100 g | weiße Schokoladenraspel |

*für Könner*

Backofen auf 170 °C Ober-/Unterhitze vorheizen. Kürbiskerne auf ein Blech mit Backpapier legen und 10 Minuten im Ofen auf mittlerer Schiene rösten. Herausnehmen, auskühlen lassen und fein mahlen. Backofentemperatur halten.

Eine Springform einfetten. Eier trennen. Eigelbe mit 90 g Zucker und der Vanille schaumig schlagen. Kürbiskernöl einrühren. Mehl in eine Schüssel sieben und mit den gemahlenen Kürbiskernen vermischen. Eiweiße mit Salz steif schlagen, dabei 90 g Zucker einrieseln lassen und weiterschlagen, bis ein glänzender Eischnee entstanden ist.

Mehlmischung und ein Drittel des Eischnees in den Teig rühren. Den restlichen Eischnee vorsichtig unterheben. Den Teig in die Springform füllen. Im Ofen auf mittlerer Schiene 45 Minuten backen. Herausnehmen, etwas abkühlen lassen und aus der Springform lösen. Waagerecht dreimal durchschneiden.

Gelatine in etwas kaltem Wasser einweichen. Milch und Sahne in einen Topf geben und aufkochen. Vom Herd nehmen. Eigelbe mit restlichem Zucker (50 g) in einer Metallschüssel verrühren. Die heiße Sahnemilch in dünnem Strahl unter ständigem Rühren in die Eigelbmischung gießen. Die Schüssel auf das Wasserbad stellen und die Eiersahne zur Rose abziehen (Seite 262). Vom Wasserbad nehmen. Gelatine ausdrücken und in der warmen Masse auflösen. Schokolade hacken oder zerbröckeln und in der Masse schmelzen.

Einen Boden auf eine Kuchenplatte stellen und einen Tortenring darumspannen. Ein Fünftel der Creme darauf verteilen und mit dem zweiten Boden abdecken. So fortfahren, bis Böden und Creme aufgebraucht sind. Mit einer Cremeschicht abschließen, dabei etwas Creme übrig lassen, um die Ränder zu bestreichen. Torte im Kühlschrank 2 Stunden fest werden lassen. Restliche Creme nicht kalt stellen! Tortenring entfernen und den Tortenrand mit der restlichen Creme bestreichen. Mit Schokoladenraspeln bestreuen.

*eindrucksvoll*

# Käse-Sahne-Torte mit Rosenblüten

**1 Springform, 26 cm Ø**
**1 Tortenring**

### Biskuit

| | |
|---|---|
| 50 g | Butter |
| 5 | Eier |
| 1 | Eigelb |
| 150 g | Zucker |
| ¼ TL | gemahlene Vanille |
| 1 Prise | Salz |
| 150 g | Mehl |

### Füllung

| | |
|---|---|
| 500 g | Magerquark |
| 2–3 | Bio-Zitronen |
| 4 | Eier |
| 100 ml | Rosenblütensirup |
| ½ TL | gemahlene Vanille |
| 9 Blatt | Gelatine |
| 1 Prise | Salz |
| 70 g | Zucker |
| 500 g | Sahne |
| | Puderzucker |
| | getrocknete Rosenblüten zum Dekorieren |

Aus den Zutaten einen Biskuit backen wie im Grundrezept 1 auf Seite 256 beschrieben. Herausnehmen, etwas abkühlen lassen und die Springform entfernen. Ganz abkühlen lassen und Boden waagerecht durchschneiden.

Für die Füllung Quark gut abtropfen lassen. Schale von 1 Zitrone abreiben. 80 ml Zitronensaft auspressen. Eier trennen. Eigelbe mit Rosenblütensirup und Vanille schaumig schlagen. Quark unterrühren. Gelatine in etwas Wasser einweichen. Eiweiße mit Salz steif schlagen, dabei den Zucker einrieseln lassen und weiterschlagen, bis ein glänzender Eischnee entstanden ist. Sahne steif schlagen.

80 ml Zitronensaft und -schale erhitzen (nicht kochen) und die ausgedrückte Gelatine darin auflösen. Einige Esslöffel Quarkmasse in der Gelatine glatt rühren. Gelatinemischung in die Quarkmasse rühren. Sahne und Eischnee vorsichtig unterheben, sobald die Quarkmasse zu gelieren beginnt.

Einen Tortenboden auf eine Kuchenplatte legen und einen Tortenring darumspannen. Quarkmasse darin verteilen und mit dem zweiten Boden abdecken. Im Kühlschrank mindestens 2 Stunden fest werden lassen. Vor dem Servieren den Tortenring entfernen und die Torte mit Puderzucker bestäuben. Mit getrockneten Rosenblüten dekorieren.

**Variante:** Für eine **klassische Käse-Sahne-Torte** den Rosenblütensirup in der Quarkmasse durch 70 g Zucker ersetzen.

# Flockentorte mit Tonkabohnencreme

*Tonkabohnen haben einen süßlichen Geschmack, der an Vanille erinnert. Wie Vanilleschoten sind sie sehr ergiebig und können mehrfach verwendet werden.*

**1 Backblech, 35 × 45 cm**
**1 Tortenring, 24 cm Ø**

**Brandteig**

| | |
|---|---|
| 100 g | Butter |
| 1 Prise | Salz |
| 250 g | Mehl |
| 6 | Eier |

*für Könner*

**Tonkabohnencreme**

| | |
|---|---|
| 2 Blatt | Gelatine |
| 6 | Eier |
| 300 ml | Milch |
| 3 | Tonkabohnen |
| 3 EL | Speisestärke |
| 80 g | Zucker |
| | Puderzucker zum Bestäuben |

**Varianten:**

**Klassische Flockentorte mit Vanillecreme:** Statt der Tonkabohnen 1 aufgeschlitzte Vanilleschote in der Milch aufkochen.

**Flockentorte mit Safrancreme:** ½ TL Safranfäden mit 1 TL Zucker im Mörser zerstoßen und statt der Tonkabohnen in der Milch aufkochen.

Aus den Zutaten einen Brandteig zubereiten wie beim Grundrezept auf Seite 258 beschrieben.

Backofen auf 220 °C Ober-/Unterhitze vorheizen. Ein feuerfestes Schälchen mit Wasser in den Ofen stellen. Ein Backblech mit Backpapier auslegen. Ein Viertel des Teigs auf Backpapier dünn zu einem Kreis (24 cm Ø) verstreichen. Das geht am besten mit einem Teigspatel – der Teig ist sehr klebrig. Im Ofen auf mittlerer Schiene 12 Minuten backen. Herausnehmen und abkühlen lassen. Aus dem restlichen Teig drei weitere Böden backen.

Für die Füllung Gelatine in etwas kaltem Wasser einweichen. Die Eier trennen. 250 ml Milch mit den Tonkabohnen in einen Topf geben, aufkochen und vom Herd nehmen. Eigelbe, restliche Milch (50 ml) mit Speisestärke und 1 EL Zucker in einer Schüssel verrühren. Tonkabohnen aus der Milch entfernen und die heiße Milch unter Rühren in die Eigelbmischung gießen. Alles wieder in den Topf geben und erneut aufkochen, bis die Masse eindickt. Vom Herd nehmen. Gelatine ausdrücken und im heißen Pudding auflösen. Den Pudding kalt schlagen. Eiweiße steif schlagen, dabei den restlichen Zucker (60 g) einrieseln lassen und weiterschlagen, bis ein glänzender Eischnee entstanden ist. Eischnee unter den Pudding heben.

Einen Tortenring um den ersten Boden spannen und ein Drittel der Creme darauf verteilen. Den zweiten Boden daraufllegen und etwas andrücken, damit die Creme sich in allen Zwischenräumen verteilt. Das zweite Drittel der Creme daraufgeben und den dritten Brandteigboden auflegen. Restliche Creme daraufstreichen und mit dem vierten Boden abdecken. Im Kühlschrank 2 Stunden fest werden lassen. Zum Servieren den Tortenring entfernen und die Torte mit Puderzucker bestäuben.

# Avocadokuchen mit Blaubeeren

*Die Avocados für diesen Kuchen muss man rechtzeitig kaufen, weil es im Supermarkt meist nur harte, unreife Früchte gibt. Das ist jedoch kein Problem, weil sie in ein paar Tagen nachreifen, wenn man sie in Zeitungspapier wickelt oder gemeinsam mit Äpfeln lagert.*

**1 Springform, 24–26 cm Ø**

| | |
|---|---|
| 30 g | Butter |
| 2 | Eier |
| 275 g | Zucker |
| ½ TL | gemahlene Vanille |
| 60 ml | Milch |
| 125 g | Mehl |
| 1 TL | Backpulver |
| 1 Prise | Salz |
| 6 Blatt | Gelatine |
| 2–3 | reife Avocados |
| 300 g | Crème fraîche |
| 5 EL | Zitronensaft |
| 250 g | Sahne |
| 2 EL | Speisestärke |
| 300 g | Blaubeeren |

für Könner

Backofen auf 175 °C Ober-/Unterhitze vorheizen. Butter zerlassen. Die Eier, 125 g Zucker und ¼ TL Vanille schaumig schlagen. Butter und Milch vermischen. Mehl, Backpulver und Salz über die Eiermischung sieben und unterrühren. Milchmischung einrühren. Teig in die Springform geben. Im Ofen auf mittlerer Schiene 20–25 Minuten backen. Herausnehmen und abkühlen lassen.

Gelatine in etwas kaltem Wasser einweichen. Avocados halbieren, entkernen, schälen und das Fruchtfleisch pürieren. (Gebraucht werden etwa 300 g.) Crème fraîche, Avocadofruchtfleisch, 100 g Zucker und ¼ TL Vanille verrühren.

3 EL Zitronensaft erwärmen und die ausgedrückte Gelatine darin auflösen. Mit einigen EL der Crème-fraîche-Mischung verrühren, dann zur Creme geben und gut einarbeiten. Sahne steif schlagen und unterheben. Die Masse auf dem Kuchenboden verteilen und im Kühlschrank 2 Stunden fest werden lassen.

Speisestärke mit 3 EL Wasser glatt rühren. Die Blaubeeren, 120 ml Wasser, den restlichen Zucker (50 g) und den restlichen Zitronensaft (2 EL) in einen Topf geben und aufkochen. Die Speisestärke einrühren und noch einmal aufkochen. Vom Herd nehmen und etwas abkühlen lassen. Blaubeeren auf dem Kuchen verteilen. Im Kühlschrank 30 Minuten fest werden lassen, dann die Springform entfernen.

# Jasminreistarte mit Kokosfüllung

Ich stehe meist alleine da, wenn ich von asiatischen Süßspeisen schwärme. Zugegeben, sie sind für unseren Geschmack manchmal gewöhnungsbedürftig und häufig viel zu süß. Dieses Rezept habe ich in Thailand entdeckt und etwas abgewandelt, sodass es garantiert jeden begeistert, der Reis und Kokos liebt.

**1 Tarteform, 28 cm Ø**

| | |
|---|---|
| 200 g | Jasminreis |
| 20 g | Kokosraspel |
| 180 g | Mehl |
| 1 Prise | Salz |
| 120 g | kalte Butter |
| 50 g | Puderzucker |
| 1 EL | Milch |
| 1 TL | Apfelessig (oder ein anderer Essig) |
| 500 ml | Kokosmilch |
| 1 | Vanilleschote |
| 1 | Zimtstange |
| 3 | Eier |
| 150 g | Zucker |
| 150 g | Sahne |

In einer Pfanne 50 g Jasminreis bei mittlerer Hitze etwa 5 Minuten rösten, bis er goldbraun ist. Mit den Kokosraspeln in der Küchenmaschine oder Kaffeemühle zermahlen, mit dem Mehl und ¼ TL Salz vermischen. Butter, Puderzucker, Milch und Essig verrühren. Mehlmischung dazugeben und möglichst schnell zu einem glatten Teig verarbeiten. Den Teig in die Tarteform geben und wie auf Seite 252 beschrieben blindbacken. Herausnehmen und abkühlen lassen.

Für den Belag den restlichen Jasminreis (150 g) mit Kokosmilch, Vanilleschote, Zimtstange und 1 Prise Salz in einen Topf geben. Unter gelegentlichem Rühren aufkochen. Die Herdplatte ausstellen und den Reis abgedeckt so lange ziehen lassen, bis er die Flüssigkeit ganz aufgenommen hat. Dabei ab und zu umrühren. Das dauert etwa 30–40 Minuten.

Backofen auf 160 °C Ober-/Unterhitze vorheizen. Den Reis etwas abkühlen lassen. Die Eier, 100 g Zucker und die Sahne verrühren. Unter den Reis rühren. Alles auf dem Tarteboden verteilen. Im Ofen auf mittlerer Schiene 30 Minuten backen. Herausnehmen und auf einem Kuchengitter abkühlen lassen. Die Tarte mit dem restlichen Zucker (50 g) bestreuen und mit einem Bunsenbrenner karamellisieren.

**Tipp:** Das Karamellisieren funktioniert notfalls auch unter dem Backofengrill. Dabei aber bitte den Kuchen gut im Auge behalten!

*für Asienfans*

# Schokoladenkuchen mit Roter Bete

*Backen mit Gemüse ist heutzutage nichts wirklich Ungewöhnliches mehr. Die Rote Bete macht diesen Kuchen besonders saftig, und ihr süßlich-erdiger Geschmack passt wunderbar zur dunklen Schokolade.*

**1 Springform, 24–26 cm Ø**

| | |
|---|---|
| 400 g | vorgegarte, geschälte Rote Bete |
| 250 g | Butter |
| 250 g | Schokolade (70 % Kakaoanteil) |
| 280 g | Zucker |
| 6 | Eier |
| 100 g | Mehl |
| 300 g | Crème fraîche |
| 100 g | Mascarpone |

Backofen auf 175 °C Ober-/Unterhitze vorheizen. Eine Springform einfetten. Rote Bete abtropfen lassen, pürieren oder fein raspeln. Etwas vom Saft aufheben. Die Butter und die Schokolade in eine Metallschüssel geben. Über dem Wasserbad schmelzen und etwas abkühlen lassen.

260 g Zucker in die Schokoladenmasse rühren, dann die Eier und die Rote Bete. Zum Schluss das Mehl darübersieben und unterrühren. Den Teig in die Springform geben. Im Ofen auf der mittleren Schiene 40 Minuten backen. Herausnehmen und abkühlen lassen.

Crème fraîche mit Mascarpone und restlichem Zucker (2 TL) glatt rühren. Ein paar TL Rote-Bete-Saft einrühren, damit die Masse sich rosa färbt. Die Creme auf dem Kuchen verteilen.

*einfach*

# Pfirsichtarte mit Rosmarin

**1 Tarteform, 28 cm Ø**

**Mürbeteig**

|        |                    |
|--------|--------------------|
| 100 g  | kalte Butter       |
| 50 g   | Puderzucker        |
| ¼ TL   | gemahlene Vanille  |
| 1      | Ei, Größe S        |
| 220 g  | Mehl               |
| 1      | Prise Salz         |

**Füllung & Belag**

|            |                                                                   |
|------------|-------------------------------------------------------------------|
| 450 g      | frische Pfirsiche (oder 1 große Dose)                             |
| 2 EL       | Zitronensaft                                                      |
| 250 ml     | Weißwein                                                          |
| 1 Päckchen | Vanillepuddingpulver                                             |
| 100 g      | Zucker                                                            |
| 250 ml     | Pfirsichsaft (ersatzweise Aprikosen-, Apfel- oder Maracujasaft) |
| 3–4 Zweige | Rosmarin                                                          |
| 100 g      | weiße Schokolade                                                  |
| 20 g       | Butter                                                            |
| 300 g      | Frischkäse                                                        |

**für Könner**

Aus den Zutaten einen Mürbeteig zubereiten wie auf Seite 250 beschrieben. Mindestens 2 Stunden und maximal 4 Tage im Kühlschrank ruhen lassen.

Backofen auf 200 °C vorheizen. Teig kurz temperieren lassen und in eine Tarteform geben. Boden blindbacken wie auf Seite 252 beschrieben. Herausnehmen und Backofentemperatur auf 175 °C senken.

Für die Füllung Wasser aufkochen, die Pfirsiche 2 Minuten blanchieren, herausnehmen und die Haut abziehen. Anschließend halbieren, den Stein entfernen und das Fruchtfleisch in kleine Würfel schneiden. (Die Dosenpfirsiche klein schneiden.) Mit dem Zitronensaft vermischen.

100 ml Weißwein mit dem Puddingpulver und 30 g Zucker glatt rühren. Restlichen Wein (150 ml), restlichen Zucker (70 g), den Pfirsichsaft und die Rosmarinzweige in einen Topf geben. Alles aufkochen, 1 Minute kochen lassen und dann den Rosmarin entfernen.

Das angerührte Puddingpulver dazugeben und unter Rühren erneut aufkochen. Den Topf vom Herd nehmen. Die Pfirsichwürfel unterheben. Masse auf dem Tarteboden verteilen. Im Ofen auf mittlerer Schiene 40 Minuten backen. Herausnehmen und abkühlen lassen.

Für den Belag die Schokolade in eine Metallschüssel bröckeln und über dem Wasserbad schmelzen. Herunternehmen und die Butter einrühren. Frischkäse glatt rühren. Die Schokolade in den Frischkäse rühren. Den Belag auf dem Kuchen verteilen und mit einem Löffelrücken dekorative Spitzen herausziehen. Im Kühlschrank 30 Minuten fest werden lassen.

**Tipp:** Wenn Kinder mitessen, statt Wein einfach mehr Saft verwenden.

# Quarktarte
# mit Kurkuma und Grapefruit

*Die Gewürze, das Leinöl und die Grapefruit sollen in dieser Kombination extrem gesund sein und viel Energie für den ganzen Tag liefern. Das sagt jedenfalls Alfons Schuhbeck, der mir mit seiner Frühstücksmischung die Vorlage für diesen Kuchen geliefert hat.*

**1 Tarteform, 28 cm Ø**

| | |
|---:|---|
| 1 | Ei |
| 280 g | Zucker |
| 50 g | gemahlene Mandeln |
| ½ TL | gemahlene Vanille |
| 130 ml | Leinöl |
| 230 g | Mehl |
| 1 Prise | Salz |
| 500 g | Magerquark |
| ½ | Bio-Zitrone |
| 100 g | Sahne |
| 2 TL | gemahlene Kurkuma |
| 1 TL | gemahlener Zimt |
| ¼ TL | gemahlene Vanille |
| ¼ TL | gemahlener Safran |
| ¼ TL | gemahlener schwarzer Pfeffer |
| 2 | Eier |
| 2–3 | rosa Grapefruit |
| 1 Päckchen | Tortenguss |

*ohne Butter*

Für den Teig Ei mit 100 g Zucker verrühren. Mandeln und ¼ TL Vanille hinzufügen. 100 ml Leinöl einrühren. Mehl und ¼ TL Salz über den Teig sieben. Alles zu einem festen Teig kneten. Zu einer Kugel rollen und in Frischhaltefolie wickeln. Mindestens 2 Stunden im Kühlschrank ruhen lassen.

Backofen auf 200 °C Ober-/Unterhitze vorheizen. Eine Tarteform mit dem Teig auskleiden. Im Ofen auf mittlerer Schiene 15 Minuten blindbacken (Seite 252). Hülsenfrüchte entfernen und weitere 3 Minuten backen. Herausnehmen und abkühlen lassen. Backofentemperatur auf 175 °C absenken.

Magerquark gut abtropfen lassen. Zitronenschale abreiben, Saft auspressen. Den Quark mit 140 g Zucker, Sahne, dem restlichen Leinöl (30 ml), Kurkuma, Zimt, Vanille, Safran, Pfeffer, Salz, Zitronenschale und -saft verrühren. Zum Schluss die Eier dazugeben und alles zu einer glatten Masse verrühren. Auf dem Tarteboden verteilen. Im Ofen auf mittlerer Schiene 25–30 Minuten backen. Herausnehmen und abkühlen lassen.

Für den Belag 1 Grapefruit filetieren, aus den restlichen Grapefruits 250 ml Saft auspressen. Grapefruitfilets dekorativ auf der Tarte verteilen. Tortenguss in einem Topf mit dem restlichen Zucker (40 g) vermischen, den Grapefruitsaft dazugeben und alles einmal aufkochen. Den Guss auf der Tarte verteilen und fest werden lassen.

# Couscouskuchen mit Feigen

*Wieder einmal ein Kuchen, der aus der Not entstanden ist. Ich kann beim Kochen oft die Mengen nicht richtig abschätzen und hatte viel zu viel Couscous gemacht. Die Reste wurden dann einfach in einem Kuchen verwertet, was sehr gut funktionierte.*

**1 Springform, 24–26 cm Ø**

| | |
|---|---|
| 125 g | Couscous |
| 2 EL | Sonnenblumenöl |
| 150 g | weiche Butter |
| 150 g | Zucker |
| 3 EL | Honig |
| 4 | Eier |
| 60 g | Maismehl |
| 60 g | Speisestärke |
| 60 g | gemahlene Mandeln |
| 2 TL | Backpulver |
| 2 TL | gemahlener Zimt |
| 1 TL | gemahlener Ingwer |
| ½ TL | gemahlener Kardamom |
| ¼ TL | gemahlene Gewürznelken |
| ¼ TL | Salz |
| 6–8 | Feigen |

Couscous in 250 ml kochendes Wasser geben, vom Herd nehmen und abgedeckt 5 Minuten quellen lassen. Das Öl dazugeben und den Couscous mit einer Gabel auflockern. Abkühlen lassen.

Backofen auf 175 °C Ober-/Unterhitze vorheizen. Eine Springform einfetten. Butter mit Zucker und 2 EL Honig schaumig schlagen. Eier einzeln gut einarbeiten. Maismehl, Speisestärke, Mandeln, Backpulver und die Gewürze in eine Schüssel sieben. Abwechselnd mit dem Couscous in den Teig rühren. Den Teig in die Springform geben.

Die Feigen vierteln und mit der Schnittstelle nach oben auf dem Kuchen verteilen. Im Ofen auf mittlerer Schiene 40 Minuten backen. Herausnehmen und noch heiß mit restlichem Honig (1 EL) bepinseln.

**Tipp:** Der Kuchen kann statt mit Feigen auch mit anderem Obst belegt werden, z. B. Äpfeln, Birnen, Aprikosen oder Zwetschgen.

*einfach*

# Pavlova mit Erdbeeren und Balsamico-Karamell

*Eine Pavlova schmeckt mit den verschiedensten Obstsorten. Ich mag sie aber am liebsten mit frischen Beeren. Im Sommer liebe ich es, sie mit Vanilleeis statt der Sahne zu bestreichen.*

**1 Backblech, 35 × 45 cm**

| | |
|---:|---|
| 4 | Eiweiß |
| 1 Prise | Salz |
| 350 g | Zucker |
| 1 TL | Speisestärke |
| 1 TL | Weißweinessig |
| 540 g | Sahne |
| 1 EL | Balsamico-Essig |
| 500 g | Erdbeeren |

*leicht zu variieren*

Den Backofen auf 110 °C Umluft vorheizen. Ein Backblech mit Backpapier auslegen. Die Eiweiße mit Salz steif schlagen, dabei 250 g Zucker einrieseln lassen und weiterschlagen, bis ein glänzender Eischnee entstanden ist.

Die Speisestärke über den Eischnee sieben und mit dem Essig unterheben. Den Teig auf dem Backpapier so zu einem Kreis (24 cm Ø) verstreichen, dass sich in der Mitte eine Mulde befindet und die Ränder etwas höher sind. Im Ofen auf mittlerer Schiene 90 Minuten trocknen lassen. Backofen ausschalten, das Baiser dort stehen und langsam abkühlen lassen.

Für den Karamell den restlichen Zucker (100 g) und 40 ml Wasser in einen großen Topf geben und aufkochen. Kochen lassen, bis ein brauner Karamell entstanden ist. Nicht rühren. 40 g Sahne dazugeben. (Achtung, die Masse wallt stark auf!) Unter Rühren weiterköcheln, bis sich eventuell fest gewordene Karamellstückchen wieder verflüssigen. Den Balsamico-Essig einrühren.

Die Erdbeeren von den Kelchen befreien und vierteln. Die restliche Sahne (500 g) steif schlagen und auf dem Baiserboden verteilen. Die Erdbeeren auf die Sahne geben. Die Karamellsauce darübergießen.

**Tipp:** Pavlova sollte schnell gegessen werden, da die Sahne das Baiser sonst durchweicht. Man kann den Boden aber schon am Vortag machen.

# Dacquoise mit Zitronencreme

*Dacquoise ist eine französische Kuchenspezialität aus Baiserböden mit Creme dazwischen. Das süße Kokosbaiser mit der sauren Zitronencreme ist einfach eine Traumkombination. Ich liebe es!*

**2 Backbleche, 35 × 45 cm**
**Spritzbeutel mit Lochtülle, 13 mm Ø**

| | |
|---:|---|
| 6 | Eiweiß |
| 2 Prisen | Salz |
| 480 g | Zucker |
| 75 g | Kokosraspel |
| 2–3 | Bio-Zitronen |
| 4 | Eigelb |
| 80 g | kalte Butter |
| 400 g | Sahne |
| 1 Päckchen | Sahnesteif |

glutenfrei

Backofen auf 180 °C Ober-/Unterhitze vorheizen. Auf zwei Stück Backpapier je einen Kreis (24 cm Ø) malen. Das Papier mit der Farbe nach unten auf zwei Backbleche legen. Die Eiweiße mit 1 Prise Salz steif schlagen, dabei 330 g Zucker einrieseln lassen und weiterschlagen, bis ein glänzender Eischnee entstanden ist. Die Kokosraspel unterheben. Die Masse in einen Spritzbeutel füllen

Von der Mitte beginnend schneckenförmig einen Kreis in die Markierung auf dem Backpapier spritzen. Aus der restlichen Masse kleine Tupfen für die Dekoration an den Rand spritzen. Die Baiserböden nacheinander im Ofen auf mittlerer Schiene 20 Minuten backen, bis sie leicht gebräunt sind. Herausnehmen und abkühlen lassen.

Für die Zitronencreme von 2 Zitronen die Schale abreiben und 80 ml Zitronensaft auspressen. Eigelbe, Zitronenschale, Zitronensaft, restlichen Zucker (150 g) und 1 Prise Salz in einen Topf geben. Aufkochen und unter Rühren 5–8 Minuten kochen lassen, bis die Masse eindickt. Vom Herd nehmen und durch ein Sieb streichen. Die Butter in Stückchen einrühren, bis sie geschmolzen ist. Die Creme abkühlen lassen.

Die Sahne halb steif schlagen, Sahnesteif einrieseln lassen und weiterschlagen, bis sie ganz steif ist. Die Hälfte der Sahne auf einem der Böden verteilen und dann die Hälfte der Zitronencreme darübergeben. Den zweiten Boden auflegen. Restliche Sahne darauf verteilen und die restliche Zitronencreme darübergeben. Mit den Baisertupfen dekorieren. Bis zum Servieren in den Kühlschrank stellen.

**Tipp:** Dieser Kuchen sollte immer frisch zubereitet werden, weil die Böden schnell durchweichen.

# Kokos-Mango-Kuchen mit Marshmallows

**1 Springform, 23 × 23 cm oder 26 cm Ø**

|  |  |
|---:|---|
| 2 | Eier |
| 120 g | Zucker |
| 100 ml | Sonnenblumenöl |
| 100 ml | dicke Kokosmilch |
| 125 g | Mehl |
| 2 gestrichene TL | Backpulver |
| 1 Prise | Salz |
| 30 g | Kokosraspel |
| 3 | reife Mangos |
| 300 g | Marshmallows |
| 150 ml | Milch |
| 7 EL | Zitronensaft |
| 350 g | Sahne |

Backofen auf 175 °C Ober-/Unterhitze vorheizen. Eine Springform einfetten. Für den Boden Eier und Zucker in einer Schüssel schaumig schlagen. Sonnenblumenöl und Kokosmilch unterrühren. Mehl, Backpulver und Salz in eine zweite Schüssel sieben und mit den Kokosraspeln vermischen. Mehlmischung in die Eiermischung rühren. Den Teig in die Springform füllen. Im Ofen auf mittlerer Schiene 25 Minuten backen. Herausnehmen und abkühlen lassen.

Für den Belag 2 Mangos schälen, das Fruchtfleisch vom Kern schneiden. 150 g Fruchtfleisch abwiegen und pürieren. 300 g Fruchtfleisch in Würfel schneiden. Das Mangopüree mit den Marshmallows, der Milch und dem Zitronensaft in einen Topf geben und erwärmen. Dabei rühren, bis die Marshmallows geschmolzen sind. Den Topf vom Herd nehmen und alles etwas abkühlen lassen.

Die Sahne steif schlagen und unter die Mango-Marshmallow-Masse heben, dann die Mangowürfel hinzufügen. Die Masse auf dem Boden in der Form verteilen. Im Kühlschrank mindestens 2 Stunden fest werden lassen, am besten über Nacht.

Für die Dekoration die letzte Mango schälen und möglichst dünne Scheiben abschneiden. Die Scheiben halbieren, sodass halbe Ovale entstehen. Ein Stück einrollen und auf die Mitte des Kuchens stellen. Die anderen Stücke leicht überlappend darumherum stellen, bis es aussieht wie eine Rose.

*ohne Butter*

*einfach*

# Käsekuchen

**1 Springform, 26 cm Ø**

| | |
|---|---|
| 70 g | Butter |
| 200 g | Vollkornbutterkekse |
| 1 kg | Frischkäse |
| 260 g | Zucker |
| 50 g | Speisestärke |
| ¼ TL | gemahlene Vanille |
| ¼ TL | Salz |
| 250 g | Crème double oder Sahne |
| 3 | Eier |

Den Backofen auf 175 °C Ober-/Unterhitze vorheizen. Die Springform einfetten. Für den Boden die Butter zerlassen. Die Butterkekse in einen Gefrierbeutel geben und mit dem Nudelholz zerkrümeln oder in der Küchenmaschine zermahlen. Die Keksbrümel mit der Butter verrühren. Die Masse auf dem Boden der Springform festdrücken.

Für die Käsemasse etwa 300 g Frischkäse mit 1 EL Zucker und der Speisestärke verrühren. Den restlichen Frischkäse nach und nach dazugeben und einrühren, anschließend den restlichen Zucker. Vanille, Salz und Crème double oder Sahne hinzufügen. Zum Schluss die Eier untermengen.

Die Käsemasse auf dem Boden in der Springform verteilen. Im Ofen auf mittlerer Schiene etwa 60 Minuten backen. Der Kuchen sollte fest sein. (In der Mitte darf er sich aber noch etwas bewegen, wenn man gegen die Form stößt. Der Kuchen wird beim Abkühlen fester.) Herausnehmen und mindestens 3 Stunden in der Form völlig abkühlen lassen.

**Tipp:** Die besten Käsekuchen-Tipps gibt's auf Seite 261.

# Erdnussbutter-Keksteig-Kugeln

Einen Kekskrümelboden herstellen wie beim Grundrezept beschrieben. 60 g Erdnussbutter mit 120 g Butter, 50 g Zucker, 50 g braunen Rohrzucker und ¼ TL gemahlener Vanille schaumig rühren. 180 g Mehl und ½ TL Salz einrühren. Den Teig mindestens 30 Minuten in den Kühlschrank legen. Anschließend aus dem Teig Kugeln von 2 cm Ø formen. Die Käsemasse zubereiten wie im Grundrezept beschrieben. Etwa ein Drittel der Käsemasse auf dem Boden verteilen. Die Hälfte der Kugeln darauf verteilen, mit dem zweiten Drittel Käsemasse abdecken, die restlichen Kugeln darauf verteilen und mit der restlichen Käsemasse abdecken.

# Brombeer-Ingwer-Käsekuchen

450 g Brombeeren und 1 ½ EL frisch geriebenen Ingwer unter die Käsemasse rühren.

# Orangen-Käsekuchen

160 ml Orangenlikör und die abgeriebene Schale von 2 Bio-Orangen unter die Käsemasse rühren. Etwa 70 Minuten backen. Mit kandierten Orangenscheiben dekorieren.

# Limetten-Basilikum-Käsekuchen

1 große Handvoll Basilikumblätter hacken. Mit der abgeriebenen Schale von 2 Bio-Limetten und 40 ml Limettensaft in die Käsemasse rühren.

# Himbeer-Käsekuchen

200 g weiße Schokolade mit der Sahne für die Käsemasse in einer Metallschüssel über dem Wasserbad schmelzen. Für die Käsemasse nur 220 g Zucker nehmen. Die Schokoladensahne einrühren und 400 g Himbeeren unterheben.

# Espresso-Käsekuchen

Einen Kekskrümelboden aus 200 g zerbröselten Amarettini und 80 g zerlassener Butter herstellen wie im Grundrezept beschrieben. Die Käsemasse zubereiten wie im Grundrezept und 100 ml starken Espresso unterrühren. Käsemasse auf den Boden geben und etwa 70 Minuten backen. Herausnehmen und 3 Stunden in der Form abkühlen lassen. 25 g Zucker in einem Topf schmelzen, 25 g Sahne und 1 Espresso (30 ml) einrühren. Wenn sich dabei feste Karamellstücke bilden, bei geringer Hitze rühren, bis sie sich aufgelöst haben. Den heißen Karamell mit einem Löffel in Streifen auf dem Kuchen verteilen.

# Chai-Käsekuchen

6 Teebeutel Chai-Tee mit der Sahne für die Käsemasse aufkochen. Topf vom Herd nehmen und den Tee 5 Minuten ziehen lassen. Beutel gut ausdrücken, herausnehmen und die Sahre abkühlen lassen. Chai-Sahne statt der normalen Sahne in die Käsemasse rühren. Für die Dekoration eine Schablone auf den Kuchen legen. 1 TL gemahlenen Zimt darübersieben und die Schablone entfernen.

# Blaubeer-Zitronen-Käsekuchen

Abgeriebene Schale von 2 Bio-Zitronen und 500 g Blaubeeren unter die Käsemasse heben. Den Kuchen etwa 60 Minuten backen. Herausnehmen und die Ofentemperatur halten. 300 g Sauerrahm mit 50 g Zucker glatt rühren. 2 EL Blaubeergelee erwärmen, sodass es flüssig wird. Den Sauerrahmguss auf den Kuchen geben. Mit einem Teelöffel etwas Gelee darauf verteilen und mit einem Holzstäbchen Kreise marmorieren. Wieder in den Ofen stellen und in weiteren 5 Minuten fertig backen.

# Chili-Käsekuchen mit Granatapfel

Der Käsemasse etwa 2 TL Cayennepfeffer hinzufügen (je nach Schärfewunsch). Käsekuchen backen und abkühlen lassen wie im Grundrezept beschrieben. Für den Belag von 200 ml Granatapfelsaft 3 EL abnehmen und mit 1 gehäuften EL Speisestärke verrühren. Restlichen Saft mit 2 EL Zucker und 2 EL Zitronensaft in einem Topf aufkochen, die Stärkemischung einrühren. Alles kurz aufwallen lassen, bis es eindickt. Vom Herd nehmen. 300 g Granatapfelkerne (von etwa 2 Granatäpfeln) einrühren. Die Masse auf dem abgekühlten Kuchen verteilen.

# Amarena-Kirschtorte

*Wer denkt nicht gern an die Amarena-Eisbecher zurück, die er als Teenager in der Eisdiele gegessen hat. Diese Torte erinnert mich ein bisschen daran.*

**1 Springform, 24–26 cm Ø**
**1 Tortenring**

**für Könner**

## Boden

| | |
|---|---|
| 40 g | Butter |
| 5 | Eier |
| 1 Prise | Salz |
| 180 g | Zucker |
| ¼ TL | gemahlene Vanille |
| 125 g | Mehl |
| 30 g | Speisestärke |
| 1 TL | gemahlener Zimt |

## Füllung

| | |
|---|---|
| 10 Blatt | Gelatine |
| 300 g | Amarenakirschen |
| 500 g | griechischer Joghurt (10 % Fett) |
| 3 EL | Zucker |
| ¼ TL | gemahlene Vanille |
| 3 EL | Zitronensaft |
| 50 ml | abgetropften Amarenakirschsaft |
| 500 g | Sahne |
| 100 g | weiße Schokolade und frische Kirschen zum Dekorieren |

**Tipp:** Die Torte beim Backen gut im Auge behalten, damit sie nicht zu dunkel wird, und die Oberfläche eventuell nach 20 Minuten Backzeit mit Alufolie abdecken.

**Varianten:** Statt Amarenakirschen kann man natürlich auch frische Kirschen oder Kirschen aus dem Glas verwenden. Da diese weniger süß sind, sollte die Zuckermenge allerdings auf 6 EL erhöht werden.

Backofen auf 180 °C Ober-/Unterhitze vorheizen. Für den Biskuitboden Butter zerlassen. Eier trennen. Eiweiße mit Salz steif schlagen, dabei die Hälfte des Zuckers (90 g) einrieseln lassen und weiterschlagen, bis ein glänzender Eischnee entstanden ist. Eigelbe mit dem restlichen Zucker (90 g) und der Vanille in einer Schüssel schaumig schlagen. Mehl mit Speisestärke und Zimt in eine weitere Schüssel sieben. Ein Drittel des Eischnees und die Mehlmischung in die Eimischung rühren. Restlichen Eischnee vorsichtig unterheben. Butter in dünnem Strahl dazugießen und vorsichtig einrühren. Im Ofen auf mittlerer Schiene 25 Minuten backen. Herausnehmen und abkühlen lassen.

Für die Joghurtcreme Gelatine in etwas kaltem Wasser einweichen. Amarenakirschen abtropfen lassen und fein würfeln. Kirschen, Joghurt, Zucker und Vanille verrühren. Zitronensaft und Amarenakirschsaft erwärmen (nicht kochen!) und die ausgedrückte Gelatine darin auflösen. 2 EL der Joghurtmasse in den Kirschsaft rühren und alles zur restlichen Joghurtmasse geben. Etwa 15 Minuten in den Kühlschrank stellen, bis die Masse zu gelieren beginnt. Sahne steif schlagen und unterheben.

Den Biskutboden zweimal waagerecht durchschneiden. Den ersten Boden auf eine Tortenplatte legen und einen hohen Tortenring darumspannen. Ein Drittel der Creme auf dem Boden verteilen, den zweiten Boden auflegen. Das zweite Drittel Creme auf dem zweiten Boden verteilen. Den letzten Boden auflegen und die restliche Creme daraufstreichen. Die Torte mindestens 2 Stunden im Kühlschrank fest werden lassen.

Vor dem Servieren die Torte aus dem Kühlschrank nehmen und den Tortenring lösen. Mit einem Sparschäler Späne von der Schokolade über die Torte schälen. Mit den frischen Kirschen dekorieren.

# Schokoladentorte mit Mangocreme

*Ich habe vor längerer Zeit mal eine köstliche Torte mit dem Namen »Mango-Käsetorte mit Schokolade« gegessen. Sie war so unglaublich gut, dass ich am nächsten Tag sofort die nötigen Zutaten gekauft und sie nachgebacken habe.*

**1 Springform, 26 cm Ø**
**1 Tortenring, 26 cm Ø**

*ungewöhnlich*

**Boden**

| | |
|---|---|
| 4 | Eier |
| 100 g | Schokolade (50–60 % Kakaoanteil) |
| 80 g | Butter |
| 150 g | Zucker |
| 50 g | Sahne |
| 40 g | Mehl |
| 40 g | Kakaopulver |
| 1 Prise | Salz |

**Mangocreme**

| | |
|---|---|
| 7 Blatt | Gelatine |
| 4 | Eier |
| 200 g | weiße Schokolade |
| 20 g | Butter |
| 250 g | Mangomus |
| 250 g | Frischkäse |
| 250 g | Sahne |
| 1 Prise | Salz |
| 40 g | Zucker |

**Schokoladenüberzug**

| | |
|---|---|
| 175 g | Schokolade (70 % Kakaoanteil) |
| 110 g | Sahne |
| 30 g | Butter |
| 75 g | Zucker |
| | Schokoladendeko |

Für den Boden Backofen auf 175 °C Ober-/Unterhitze vorheizen. Die Eier trennen. Schokolade und Butter in eine Metallschüssel geben und über dem Wasserbad schmelzen. Herunternehmen, 50 g Zucker, die Sahne und die Eigelbe unterrühren. Mehl mit Kakaopulver zweimal durchsieben und in die Schokoladenmasse rühren.

Eiweiße mit Salz steif schlagen, dabei den restlichen Zucker (100 g) einrieseln lassen und weiterschlagen, bis ein glänzender Eischnee entstanden ist. Ein Drittel des Eischnees in die Schokoladenmasse rühren, den Rest vorsichtig unterheben. Den Teig in eine Springform füllen. Im Ofen auf mittlerer Schiene 40 Minuten backen. Herausnehmen, etwas abkühlen lassen und aus der Form lösen.

Für die Mangocreme Gelatine in etwas kaltem Wasser einweichen. Die Eier trennen. Schokolade und Butter in eine Metallschüssel geben, über dem Wasserbad schmelzen und herunternehmen. 6 EL Mangomus erwärmen, die Gelatine gut ausdrücken und darin auflösen. Restliches Mangomus hinzufügen und alles in die Schokolade rühren. Eigelbe mit Frischkäse glatt rühren und ebenfalls in die Schokoladenmasse rühren.

Sahne steif schlagen. Eiweiße mit Salz steif schlagen, dabei den Zucker einrieseln lassen. Sahne und Eischnee unter die Schokoladenmasse heben, sobald diese beginnt zu gelieren. Einen Tortenring um den Boden spannen. Die Mangocreme auf dem Boden verteilen und glatt streichen. Im Kühlschrank 2 Stunden fest werden lassen.

Für den Guss Schokolade hacken. Sahne in einem Topf aufkochen. Vom Herd nehmen, Schokolade und Butter einrühren. Etwas abkühlen lassen. 60 ml Wasser mit dem Zucker in einen Topf geben und aufkochen. Zuckerwasser in die Schokoladenmasse rühren. Etwas abkühlen lassen. Den Tortenring lösen und die Torte rundherum mit dem Schokoladenüberzug bestreichen, mit Schokoladendeko verzieren. Im Kühlschrank 30 Minuten fest werden lassen.

# Karamell-Schokoladentorte

*Ich habe festgestellt, dass es sich lohnt, den Boden für diese wunderbare Torte schon am Vortag zu backen. Dann krümelt er beim Schneiden nicht so sehr.*

**1 Springform, 26 cm Ø**
**1 Tortenring**

## Boden

| | |
|---|---|
| 275 g | Schokolade (70 % Kakaoanteil) |
| 180 g | Zucker |
| 150 g | weiche Butter |
| 5 | Eier |
| ¼ TL | Salz |
| 80 g | Mehl |
| 1 TL | Backpulver |

## Füllung

| | |
|---|---|
| 150 g | Schokolade (70 % Kakaoanteil) |
| 2 Blatt | Gelatine |
| 150 g | Zucker |
| 50 g | Butter |
| 500 g | Sahne |
| 1 Prise | Salz |
| 300 g | Schokoladensticks |

**Tipp:** Sollten sich beim Hinzufügen der restlichen Zutaten zum Karamell ein paar Karamellstückchen bilden, einfach so lange rühren, bis sie sich wieder aufgelöst haben.

für Könner

Backofen auf 170 °C Ober-/Unterhitze vorheizen. Eine Springform einfetten. Für den Boden die Schokolade hacken. Einen großen Topf mit schwerem Boden auf den Herd stellen und bei mittlerer Hitze so viel Zucker hineinstreuen, dass der Boden bedeckt ist. Sobald der Zucker zu schmelzen beginnt, nach und nach den restlichen Zucker einstreuen, dabei nicht rühren. Ist der Zucker geschmolzen, die Hitze reduzieren und die Butter einrühren. Sobald sie geschmolzen ist, den Topf vom Herd nehmen. Die Schokolade hineingeben, 1 Minute ruhen lassen und dann verrühren, bis sie ebenfalls geschmolzen ist.

Die Eier trennen. Eigelbe einzeln in die Schokoladenmasse rühren. Eiweiße mit Salz steif schlagen. Ein Drittel des Eischnees mit dem Schneebesen in den Teig rühren. Mehl und Backpulver darübersieben und ebenfalls unterrühren. Restlichen Eischnee vorsichtig unterheben. Masse in die Springform geben. Im Ofen auf mittlerer Schiene 35 Minuten backen. Herausnehmen und abkühlen lassen.

Für die Füllung Schokolade hacken. Gelatine in etwas kaltem Wasser einweichen. Den Zucker karamellisieren wie in Stepp 1 beschrieben. Die Hitze reduzieren und die Butter im Karamell schmelzen, dann 50 g Sahne und das Salz einrühren. Topf vom Herd nehmen und die gehackte Schokolade in der Masse schmelzen. Die ausgedrückte Gelatine darin auflösen. Die Masse etwas abkühlen lassen (auf etwa 45 °C). Restliche Sahne (450 g) steif schlagen und unterheben.

Vom Boden die obere Wölbung abschneiden. Boden waagerecht durchschneiden. Den unteren Boden auf eine Kuchenplatte legen und einen Tortenring darumstellen. Die Hälfte der Füllung darauf verteilen, den zweiten Boden darauflegen und mit der restlichen Creme bedecken. Die abgeschnittene Wölbung fein zerbröseln und die Brösel auf dem Kuchen verteilen. Mindestens 2 Stunden im Kühlschrank fest werden lassen. Vor dem Servieren den Tortenring entfernen. Die Schokoladensticks an den Rand der Torte drücken.

# Rübli-Käsekuchen

**1 Springform, 26–28 cm Ø**

## Käsekuchen

| | |
|---|---|
| 700 g | Frischkäse |
| 240 g | Zucker |
| 40 g | Speisestärke |
| ¼ TL | gemahlene Vanille |
| 2 EL | Zitronensaft |
| 160 g | Sahne |
| 2 | Eier |

## Möhrenboden

| | |
|---|---|
| 80 g | Walnusskerne |
| 400 g | Möhren |
| 1 | Apfel |
| 1 TL | Zitronensaft |
| 280 g | Mehl |
| 2 TL | Backpulver |
| ½ TL | Natron |
| 2 TL | gemahlener Zimt |
| ¼ TL | gemahlene Vanille |
| ½ TL | Salz |
| 4 | Eier |
| 220 g | Zucker |
| 200 ml | Sonnenblumenöl |

## Frischkäsecreme

| | |
|---|---|
| 700 g | Frischkäse (Zimmertemperatur) |
| 350 g | Puderzucker |
| 250 g | weiche Butter |
| ¼ TL | gemahlene Vanille |

Backofen auf 175 °C Ober-/Unterhitze vorheizen. Eine Springform mit Alufolie einpacken und einfetten. Für die Käsekuchenschicht Frischkäse, Zucker, Speisestärke und Vanille glatt rühren. Zitronensaft und Sahne unterrühren, zuletzt die Eier. Nur so lange rühren, bis eine homogene Masse entstanden ist. Masse in die Springform füllen. Im Wasserbad (siehe Seite 261) auf mittlerer Schiene 45 Minuten backen. Herausnehmen und auf einem Kuchengitter abkühlen lassen. Mindestens 60 Minuten in den Tiefkühler stellen, am besten über Nacht.

Backofen auf 160 °C Ober-/Unterhitze vorheizen. Eine Springform einfetten. Für den Möhrenboden die Walnusskerne hacken. Möhren und Apfel schälen. Den Apfel vom Kerngehäuse befreien und zusammen mit den Möhren reiben. Apfel, Möhren, Zitronensaft und gehackte Walnusskerne in einer Schüssel vermengen. Mehl, Backpulver, Natron, Zimt, Vanille und Salz in eine zweite Schüssel sieben. Eier und Zucker in einer dritten Schüssel schaumig schlagen. Sonnenblumenöl und die Mehlmischung in die Eiermischung rühren. Möhrenmischung unterheben. Den Teig in drei Teile teilen. Den ersten Teil in die Springform füllen. Im Ofen auf mittlerer Schiene 30 Minuten backen. Den ersten Boden herausnehmen und abkühlen lassen. Aus dem restlichen Teig zwei weitere Böden backen.

Für die Frischkäsecreme Frischkäse, Puderzucker, Butter und Vanille zu einer glatten Masse verrühren. Einen Boden auf eine Kuchenplatte legen und dünn mit etwas Frischkäsecreme bestreichen. Den Käsekuchen aus dem Tiefkühler nehmen und daraufsetzen. Ebenfalls dünn mit etwas Frischkäsecreme bestreichen. Einen zweiten Boden darauflegen. Die Torte ringsum mit Frischkäsecreme bestreichen. Den dritten Boden in Kuchenstücke schneiden und die Stücke dekorativ auf die Torte legen. Mit Cremetupfern verzieren.

# Tiramisu-Torte

*Die Dekoration für diesen Kuchen ist aufwendig, macht aber richtig was her.*
*Für den Geschmack ist sie nicht ausschlaggebend. Wer keine Lust auf Deko-*
*zauber hat, kann die Torte also nach Belieben anders verzieren.*

**1 Springform, 26 cm Ø**
**1 Tortenring**
**1 Spritzbeutel mit Lochtülle (12 mm Ø)**

**Biskuit**

| | |
|---|---|
| 60 g | Butter |
| 5 | Eier |
| 1 | Eigelb |
| 150 g | Zucker |
| ¼ TL | gemahlene Vanille |
| 1 Prise | Salz |
| 150 g | Mehl |

**Füllung**

| | |
|---|---|
| 30 g | Mandelblättchen |
| 90 ml | starker Espresso |
| 270 g | Zucker |
| 2 EL | Amaretto (oder Cognac) |
| 3 Blatt | Gelatine |
| 6 | Eigelb |
| 1 EL | Honig |
| 400 g | Mascarpone |
| 2 EL | Milch |
| 2 | Eiweiß |
| 1 Prise | Salz |
| 1 TL | Zitronensaft |

Aus den Zutaten einen Biskuit backen wie in Grundrezept 1 auf Seite 250 beschrieben. Herausnehmen und abkühlen lassen. Die Springform abnehmen und den Boden dreimal waagerecht durchschneiden.

Mandelblättchen in einer Pfanne ohne Fett rösten und beiseitestellen. Espresso, 30 g Zucker und Amaretto oder Cognac vermischen. Gelatine in etwas kaltem Wasser einweichen. Eigelbe mit 120 g Zucker und Honig schaumig schlagen. Mascarpone einrühren. Milch aufkochen, den Topf vom Herd nehmen, die Gelatine ausdrücken und in der Milch auflösen. Gelatinemilch in die Creme rühren.

Einen Boden auf eine Kuchenplatte legen und einen Tortenring darumstellen. Den Boden mit einem Drittel der Creme bestreichen. Einen zweiten Boden darauflegen und mit einem Drittel der Espressomischung tränken. Mit dem zweiten Drittel der Creme bestreichen. Den dritten Boden auflegen, mit einem Drittel der Espressomischung tränken und mit dem Rest der Creme bestreichen. Den vierten Boden auflegen und mit der restlichen Espressomischung tränken. Mindestens 1 Stunde in den Kühlschrank stellen.

Für die Dekoration Eiweiße, Salz, restlichen Zucker (120 g) und Zitronensaft in eine Metallschüssel geben. Über dem Wasserbad aufschlagen, bis der Zucker sich aufgelöst und die Masse eine Temperatur von etwa 65 °C erreicht hat. Herunternehmen und weiterschlagen, bis die Masse fast wieder abgekühlt ist. Die Masse in einen Spritzbeutel füllen und dekorative Tupfen auf die Torte spritzen. Restlichen Eischnee an den Seiten verstreichen. Mit den Mandelblättchen bestreuen. Die Baiserspitzen nach Belieben mit einem Bunsenbrenner leicht bräunen.

# Biskuitrolle mit Ahornsirupcreme

*Für dieses Rezept habe ich einfach das Ahornsirupeis aus meinem Eisbuch in eine Füllung verwandelt. Beim Eis wird die Masse durch das Gefrieren fest – für die Creme benutze ich Gelatine.*

**1 Backblech, 35 × 45 cm**

| | |
|---|---|
| 50 g | gemahlene Haselnusskerne |
| 4 | Eier |
| 80 g | Zucker |
| 1 Prise | Salz |
| 30 g | Mehl |
| 7 Blatt | Gelatine |
| 4 | Eigelb |
| 100 ml | Ahornsirup |
| 300 ml | Milch |
| 300 g | Sahne |
| | Puderzucker zum Bestäuben |
| | Kakao zum Bestäuben |
| | Haselnusskerne zum Dekorieren |

Backofen auf 175 °C Ober-/Unterhitze vorheizen. Gemahlene Haselnusskerne auf ein Backblech geben. Auf mittlerer Schiene 8 Minuten rösten, herausnehmen und abkühlen lassen. Ofentemperatur auf 200 °C Ober-/Unterhitze erhöhen. Das Backblech mit Backpapier auslegen.

Eier trennen. Eigelbe mit der Hälfte des Zuckers schaumig schlagen. Eiweiße mit Salz steif schlagen, restlichen Zucker (40 g) einrieseln lassen und weiterschlagen, bis ein glänzender Eischnee entstanden ist. Ein Drittel des Eischnees in die Eigelbmischung rühren. Mehl darübersieben und vorsichtig einarbeiten. Restlichen Eischnee und geröstete Nusskerne behutsam unterheben. Die Masse auf das Backpapier streichen. Im Ofen auf mittlerer Schiene in 12 Minuten hellbraun backen. Herausnehmen und die Biskuitplatte mit dem Backpapier auf ein feuchtes Küchentuch legen, damit sie formbar bleibt.

Für die Creme Gelatine in etwas kaltem Wasser einweichen. Eigelbe in einer Metallschüssel mit dem Ahornsirup verrühren. Milch aufkochen und unter ständigem Rühren in dünnem Strahl in die Eigelbmischung gießen. Die Schüssel auf das Wasserbad stellen und Eigelbmischung zur Rose abziehen (siehe Seite 262). Gelatine ausdrücken und in der heißen Masse auflösen. Die Schüssel vom Wasserbad nehmen und die Masse etwas abkühlen lassen, dann in den Kühlschrank stellen.

Sahne steif schlagen. Sahne unter die Creme heben, wenn sie zu gelieren beginnt, etwa 50 g Sahne für die Deko aufheben. Die Creme auf der Biskuitplatte verstreichen. Ist die Creme zu flüssig, alles noch einmal kurz kalt stellen, bis die Masse geliert. Dann läuft beim Aufrollen nichts heraus. Biskuitplatte von der kürzeren Seite her mit dem Backpapier aufrollen. Das Papier beim Rollen vorsichtig abziehen. Mit der Nahtstelle nach unten auf eine Kuchenplatte heben. Im Kühlschrank 1 Stunde fest werden lassen.

Vor dem Servieren die Rolle mit Puderzucker und Kakao bestäuben. Mit der restlichen Schlagsahne und Haselnusskernen verzieren.

*ohne Butter*

# Birnenmustorte

1 Backblech, 35 × 45 cm
1 Springform, 26 cm Ø
1 Tortenring

| | |
|---|---|
| 800 g | Birnen |
| 40 g | Butter |
| 25 g | Speisestärke |
| 100 g | Mehl |
| 5 | Eier |
| 175 g | Zucker |
| 1 Prise | Salz |
| 400 ml | Champagner oder Weißwein |
| 6 Blatt | Gelatine |
| 250 g | Mascarpone |
| 400 g | Sahne |
| 1 EL | Puderzucker |

**Tipp:** Wenn ich die Birnenchips für die Verzierung herstelle, mache ich immer gleich eine größere Menge. Sie sind eine leckere Knabberei für zwischendurch. In einer Dose kühl gelagert, halten sie sich mindestens 3 Monate. Beim Trocknen kann man auch mehrere Bleche übereinander in den Ofen schieben.

Backofen auf 120 °C Umluft vorheizen. Ein Backblech mit Backpapier auslegen. Von 1 ungeschälten Birne längs von beiden Seiten bis zum Kerngehäuse möglichst dünne Scheiben abschneiden. Birnenscheiben auf das Backpapier legen. Im Ofen auf mittlerer Schiene 30 Minuten trocknen. Ofen ausschalten und Birnenscheiben bei leicht geöffneter Ofentür abkühlen lassen.

Backofen auf 180 °C Ober-/Unterhitze vorheizen. Den Spring-Formboden einfetten. Für den Boden die Butter zerlassen. Speisestärke und Mehl zweimal sieben. Eier trennen. Eigelbe mit 50 g Zucker schaumig schlagen. Eiweiße mit Salz steif schlagen, dabei 50 g Zucker einrieseln lassen und weiterschlagen, bis ein glänzender Eischnee entstanden ist. Mehlmischung und ein Drittel des Eischnees unter die Eigelbmasse rühren. Zerlassene Butter einrühren. Restlichen Eischnee vorsichtig unterheben. Biskuit in der Springform glatt streichen. Im Ofen auf mittlerer Schiene 20 Minuten backen. Herausnehmen und abkühlen lassen. Die Springform abnehmen und den Boden waagerecht durchschneiden.

Festliche Birnen (700 g) schälen und vierteln, dabei das Kerngehäuse entfernen. Birnen, restlichen Zucker (75 g) und Champagner oder Weißwein in einen Topf geben. Aufkochen und köcheln lassen, bis die Birnenviertel weich sind. Gelatine in etwas kaltem Wasser einweichen. Birnen durch ein Sieb abgießen, die Flüssigkeit auffangen und in den Topf zurückgeben. Birnensud auf 100 ml einkochen und vom Herd nehmen. Gelatine ausdrücken und im Birnensud auflösen. Birnenviertel pürieren und ebenfalls zum Sud geben. Mascarpone glatt rühren und in das Birnenmus rühren.

Den unteren Boden auf eine Kuchenplatte setzen und einen Tortenring darumlegen. Birnenmus auf dem Boden verteilen und mit dem oberen Boden abdecken, etwas andrücken. Die Torte 2 Stunden im Kühlschrank fest werden lassen. Vor dem Servieren Tortenring entfernen. Sahne mit dem Puderzucker steif schlagen. Die Sahne ringsherum auf die Torte streichen. Den Rand mit den getrockneten Birnenscheiben verzieren.

# Himbeer-Joghurt-Torte

**1 Springform, 26–28 cm Ø**
**1 Spritzbeutel mit Tülle, 11 mm Ø**

## Boden

| | |
|---|---|
| 2 | Eier |
| 60 ml | Sonnenblumenöl |
| 120 g | Zucker |
| ¼ TL | gemahlene Vanille |
| | abgeriebene Schale von |
| | ½ Bio-Zitrone |
| 150 g | Mehl |
| 2 TL | Backpulver |
| 1 Prise | Salz |

## Himbeerschicht

| | |
|---|---|
| 250 g | Himbeeren |
| 135 g | Zucker |
| 5 Blatt | Gelatine |
| 250 g | Joghurt |
| 150 g | Sahne |

## Joghurtschicht

| | |
|---|---|
| 5 Blatt | Gelatine |
| 250 g | Joghurt |
| 60 g | Zucker |
| ¼ TL | gemahlene Vanille |
| 40 ml | Zitronensaft |
| 300 g | Sahne |
| 100 g | Himbeeren |

*leicht und fruchtig*

Backofen auf 170 °C Ober-/Unterhitze vorheizen. Für den Boden Eier trennen. Öl, 60 ml warmes Wasser, Eigelbe, 70 g Zucker, Vanille und Zitronenschale verrühren. Mehl und Backpulver darübersieben und einrühren. Eiweiße mit Salz steif schlagen, dabei restlichen Zucker (50 g) einrieseln lassen und weiterschlagen, bis ein glänzender Eischnee entstanden ist. Ein Drittel des Eischnees in die Eigelbmasse rühren. Den restlichen Eischnee vorsichtig unterheben. Teig in einer Springform verteilen. Im Ofen auf mittlerer Schiene 30 Minuten backen. Herausnehmen und abkühlen lassen.

Für die Himbeerschicht Himbeeren mit 20 ml Wasser und 75 g Zucker in einen Topf geben. Aufkochen und köcheln lassen, bis sie zerfallen. Durch ein Sieb streichen. Gelatine in etwas kaltem Wasser einweichen. Joghurt und 60 g Zucker verrühren. Himbeermus wieder in den Topf geben, aufkochen und vom Herd nehmen. Ausgedrückte Gelatine im Himbeermus auflösen. Joghurt unterrühren. Etwa 20 Minuten in den Kühlschrank stellen, bis die Masse zu gelieren beginnt. Sahne steif schlagen und unterheben. Die Hälfte der Creme auf dem Boden in der Springform verteilen und den Kuchen etwa 20 Minuten in den Tiefkühler stellen. Die restliche Masse bei Zimmertemperatur stehen lassen.

Für die Joghurtschicht Gelatine in etwas kaltem Wasser einweichen. Joghurt mit Zucker und Vanille verrühren. Zitronensaft erwärmen (nicht kochen). Die ausgedrückte Gelatine darin auflösen. In den Joghurt rühren. Etwa 15 Minuten in den Kühlschrank stellen. 200 g Sahne steif schlagen und unterheben. Den Kuchen aus dem Tiefkühler holen und die Joghurtmasse auf der festen Himbeerschicht verteilen. Wieder etwa 20 Minuten in den Tiefkühler stellen. Sobald die Joghurtschicht fest geworden ist, die restliche Himbeermasse darauf verteilen. Torte mindestens 2 Stunden im Kühlschrank vollständig fest werden lassen.

Vor dem Servieren die restliche Sahne (100 g) steif schlagen und in einen Spritzbeutel füllen. Die Torte aus dem Kühlschrank nehmen und kleine Tupfen aufspritzen. Die Zwischenräume mit Himbeeren belegen.

**Tipp:** Die einzelnen Schichten können auch im Kühlschrank aushärten, aber im Tiefkühler geht es schneller.

# Crème-Caramel-Torte

*Diese Torte habe ich für meinen Vater erfunden. Er bekommt sie jedes Jahr von mir zum Geburtstag, weil er so gern Crème caramel isst und es schafft, mehrere Portionen hintereinander zu verdrücken.*

**1 geschlossene Kuchenform, 20 cm Ø**
**1 tiefes Backblech**

| | |
|---|---|
| 230 g | Zucker |
| 500 ml | Milch |
| 130 g | Sahne |
| 1 | Vanilleschote |
| 1 Prise | Salz |
| 4 | Eier |
| 4 | Eigelbe |
| 40 g | Butter |
| 40 g | Schokolade |
| 80 g | Butterkekse |

*für Könner*

Backofen auf 175 °C Ober-/Unterhitze vorheizen. 130 g Zucker abwiegen. Einen breiten Topf mit schwerem Boden bei mittlerer Hitze auf den Herd stellen. So viel Zucker einrieseln lassen, dass der Boden bedeckt ist. Nicht rühren! Sobald der Zucker karamellisiert ist, nach und nach den restlichen Zucker einstreuen. Sobald der Zucker geschmolzen ist, 4 EL Wasser vorsichtig dazugeben und rühren, bis sich alle Karamellstückchen aufgelöst haben. Den Karamell sofort in eine geschlossene Kuchenform gießen.

Milch, Sahne, restlichen Zucker (100 g), Vanilleschote und Salz in einen Topf geben und aufkochen. Vom Herd nehmen und die Vanilleschote entfernen. Eier und Eigelbe verquirlen und die heiße Milch unter Rühren in die Eimischung gießen. Die Masse durch ein Sieb auf den Karamell in der Form geben. Form in ein tiefes Backblech stellen und Wasser einfüllen, bis die Kuchenform mindestens bis zur Hälfte im Wasser steht (Seite 264). Im Backofen auf mittlerer Schiene 60 Minuten stocken lassen. Herausnehmen und vollständig abkühlen lassen.

Für den Boden Butter und Schokolade in einer Metallschüssel über dem Wasserbad schmelzen. Die Butterkekse in einen Gefrierbeutel geben und mit dem Nudelholz zerkrümeln oder in der Küchenmaschine zermahlen. Die Kekskrümel mit der Schokoladenmischung verrühren. Auf dem Kuchen verteilen und vorsichtig festdrücken. Die Torte in den Kühlschrank stellen, bis der Boden fest geworden ist. Zum Servieren auf eine Kuchenplatte stürzen. Vorsicht, der Karamell kann beim Umdrehen herauslaufen!

# Himbeer-Baiser-Tarte

*Diese Tarte backe ich besonders gern. Nicht nur wegen ihres einmaligen Geschmacks, sondern auch, weil ich mich an ihr nicht sattsehen kann. Baiser sieht einfach immer schön aus — und dann noch in meinem geliebten Rosa!*

**1 Tarteform, 28 cm Ø**

**Mürbeteig**

| | |
|---|---|
| 100 g | kalte Butter |
| 50 g | Puderzucker |
| ¼ TL | gemahlene Vanille |
| 1 | Ei, Größe S |
| 220 g | Mehl |
| 1 Prise | Salz |

**Füllung**

| | |
|---|---|
| 6 | Eier |
| 600 g | Himbeeren |
| 50 ml | Zitronensaft |
| 375 g | Zucker |
| 40 g | Speisestärke |
| 80 g | kalte Butter |
| 1 Prise | Salz |
| | frische Himbeeren zum Dekorieren |

*für Könner*

Aus den Zutaten einen Mürbeteig zubereiten wie auf Seite 250 beschrieben. Mindestens 2 Stunden oder maximal 4 Tage im Kühlschrank ruhen lassen.

Backofen auf 200 °C vorheizen. Teig kurz temperieren lassen und eine Tarteform damit auskleiden. Boden blindbacken wie auf Seite 252 beschrieben. Herausnehmen und abkühlen lassen.

Für die Füllung die Eier trennen. Die Himbeeren mit 100 ml Wasser, 40 ml Zitronensaft und 40 g Zucker in einen Topf geben und aufkochen. Köcheln lassen, bis sie zerfallen. Durch ein Sieb streichen. 400 ml Püree abmessen. Eigelbe, 35 g Zucker und Speisestärke in einer Schüssel verrühren. Das Himbeermus unter Rühren in die Eigelbmischung gießen. Alles wieder in den Topf geben und erneut aufkochen. Ein paarmal aufwallen lassen. Vom Herd nehmen. Durch ein Sieb streichen. Die Butter in der heißen Masse schmelzen. Alles auf dem Tarteboden verteilen und abkühlen lassen.

Backofen auf Grillstufe stellen. Eiweiße, Salz, restlichen Zucker (300 g) und restlichen Zitronensaft (10 ml) in eine Metallschüssel geben. Über dem Wasserbad aufschlagen, bis der Zucker sich gelöst hat und die Masse eine Temperatur von etwa 65 °C erreicht hat. Die Schüssel herunternehmen und auf hoher Stufe weiterschlagen, bis die Masse fast abgekühlt ist. 80 ml des restlichen Himbeerpürees abmessen und unter den Eischnee heben. Eischnee auf der Himbeermasse verteilen. Die Tarte im Backofen auf der zweiten Schiene von oben 1–2 Minuten auf Sicht überbacken. Herausnehmen, sobald der Eischnee gebräunt ist. Das geht sehr schnell! Die Tarte abkühlen lassen, mit Himbeeren verzieren.

**Tipp:** Wem das Schlagen über dem Wasserbad zu mühsam ist, schlägt Eiweiß auf konventionelle Art und Weise steif. Es ist dann allerdings nicht ganz so standhaft.

# Maracuja-Sauerrahm-Torte

**1 Springform, 26 cm Ø**
**1 Tortenring, 26 cm Ø**

### Biskuit

| | |
|---|---|
| 30 g | Butter |
| 3 | Eier |
| 75 g | Zucker |
| ¼ TL | gemahlene Vanille |
| 1 Prise | Salz |
| 75 g | Mehl |

### Belag

| | |
|---|---|
| 140 ml | Maracujasaft |
| | abgeriebene Schale von |
| | 1 Bio-Zitrone |
| 120 ml | Zitronensaft |
| 4 | Eier |
| 2 | Eigelb |
| 180 g | Zucker |
| 80 g | kalte Butter |
| 7 Blatt | Gelatine |
| 500 g | Sahne |
| 250 g | Sauerrahm |
| 2 | Eiweiß |
| 1 Prise | Salz |

Aus den Zutaten einen Biskuit backen wie in Grundrezept 1 auf Seite 256 beschrieben, die Backzeit beträgt jedoch nur 15 Minuten. Herausnehmen, abkühlen lassen und aus der Springform lösen.

Für den Belag Maracujasaft, Zitronenschale und 40 ml Zitronensaft in einem Topf aufkochen. Eier, Eigelbe und 100 g Zucker in einer Schüssel verrühren. Die heiße Flüssigkeit unter Rühren in die Eiermischung gießen. Alles wieder in den Topf füllen und kurz aufkochen, bis es eindickt. Dabei ständig rühren. Die Masse durch ein Sieb streichen. Butter in Würfeln dazugeben und darin schmelzen. Maracujacreme abkühlen lassen.

Die Gelatine in etwas kaltem Wasser einweichen. 200 g Sahne mit dem Sauerrahm verrühren. Restlichen Zitronensaft (80 ml) erwärmen und die ausgedrückte Gelatine darin auflösen. In die Sauerrahmmasse rühren. 15 Minuten in den Kühlschrank stellen. Restliche Sahne (300 g) steif schlagen. Eiweiße mit Salz steif schlagen, dabei den restlichen Zucker (80 g) einrieseln lassen und weiterschlagen, bis ein glänzender Eischnee entstanden ist. Eischnee und Sahne unter die Sauerrahmcreme heben, sobald diese beginnt zu gelieren.

Den Boden auf eine Kuchenplatte setzen. Einen Tortenring um den Boden legen. Die Sauerrahmcreme einfüllen und glatt streichen. Die Maracujacreme darauf verteilen. Mit einer Gabel durch die beiden Cremes streichen, sodass eine Marmorierung entsteht. Es sollten keine großen Passionsfruchtkleckse mehr zu sehen sein. Die Torte mindestens 4 Stunden, am besten aber über Nacht, im Kühlschrank fest werden lassen.

*einfach*

# Banoffee-Torte

*Den Geschmack von Bananen und Karamell finde ich ziemlich unwiderstehlich. Deswegen liebe ich auch diese Torte!*

**1 Springform, 26 cm Ø**

### Biskuit
| | |
|---|---|
| 60 g | Butter |
| 5 | Eier |
| 1 | Eigelb |
| 150 g | Zucker |
| ¼ TL | gemahlene Vanille |
| 1 Prise | Salz |
| 150 g | Mehl |

### Füllung
| | |
|---|---|
| 90 g | Rohrzucker |
| 60 g | Butter |
| 610 g | Sahne |
| ½ TL | gemahlene Vanille |
| 2 Päckchen | Sahnesteif |
| 4 | Bananen |
| 1 EL | Zitronensaft |

Aus den Zutaten einen Biskuit backen wie in Grundrezept 1 auf Seite 256 beschrieben. Herausnehmen und abkühlen lassen. Aus der Springform lösen und den Boden einmal waagerecht durchschneiden.

Für die Füllung Rohrzucker, Butter, 110 g Sahne und ¼ TL Vanille in einen Topf geben. Aufkochen und 3 Minuten bei kleiner Hitze köcheln lassen. Den Topf vom Herd nehmen. Vollständig abkühlen lassen. Den unteren Biskuitboden auf eine Kuchenplatte legen, mit ½ Päckchen Sahnesteif bestreuen. Die restliche Sahne (500 g) mit der restlichen Vanille (¼ TL) und 1 Päckchen Sahnesteif steif schlagen. Bananen in dünne Scheiben schneiden und mit dem Zitronensaft vermischen.

Die Hälfte der Bananen auf dem Boden verteilen, dann die Hälfte der Sahne darauf verstreichen und die Hälfte der Karamellsauce mit einem Löffel darüberträufeln. Den zweiten Boden darauflegen und mit dem restlichen Sahnesteif (½ Päckchen) bestreuen. Mit den restlichen Bananen belegen und die restliche Sahne darauf verteilen. Mit einem Löffel Streifen aus Karamell über die Sahne ziehen. Bis zum Servieren in den Kühlschrank stellen.

# Erdbeertorte mit Limetten

*Bei diesem Kuchen ist mir zum ersten Mal so richtig aufgefallen, wie groß der Unterschied im Geschmack zwischen Zitronen und Limetten ist. Das intensive Limettenaroma harmoniert super mit den Erdbeeren.*

**1 Springform, 26 cm Ø**
**1 Tortenring**

| | |
|---:|---|
| 50 g | Butter |
| 2–3 | Bio-Limetten |
| 3 | Eier |
| 330 g | Zucker |
| ½ TL | gemahlene Vanille |
| 100 ml | Milch |
| 200 g | Mehl |
| 2 TL | Backpulver |
| 1 Prise | Salz |
| 6 Blatt | Gelatine |
| 400 g | Crème fraîche |
| 1 EL | Honig |
| 200 g | Sahne |
| 800 g | Erdbeeren |
| 1 Päckchen | roter Tortenguss |
| 225 ml | Apfelsaft |

Backofen auf 175 °C Ober-/Unterhitze vorheizen. Springform einfetten. Butter zerlassen. Von 2 Limetten die Schale abreiben und aus allen den Saft auspressen (65 ml). Eier, 200 g Zucker, ¼ TL Vanille und die Limettenschale schaumig schlagen. Zerlassene Butter und Milch vermischen. Mehl, Backpulver und 1 Prise Salz in eine Schüssel sieben. Milch- und Mehlmischung abwechselnd in die Eimasse rühren. Den Teig in die Springform füllen. Im Ofen auf mittlerer Schiene 30 Minuten backen. Herausnehmen und abkühlen lassen. Erst dann aus der Springform lösen.

Gelatine in etwas kaltem Wasser einweichen. Crème fraîche, 100 g Zucker und restliche Vanille (¼ TL) verrühren. 40 ml Limettensaft und Honig erwärmen. Ausgedrückte Gelatine darin auflösen. Mit einigen EL der Crème-fraîche-Mischung verrühren und dann in die Crème-fraîche-Mischung rühren. Die Sahne steif schlagen und unter die Creme heben.

Einen Tortenring um den Boden spannen. Erdbeeren von den Kelchen befreien. Einige große Erdbeeren für den Rand halbieren. Die halbierten Erdbeeren mit der Schnittfläche nach außen von innen an den Tortenring legen. Die ganzen Erdbeeren auf dem Boden verteilen. Die Creme darübergeben. Im Kühlschrank 2 Stunden fest werden lassen.

Den Tortenguss nach Packungsanleitung mit restlichem Zucker (30 g), Apfelsaft und restlichem Limettensaft (25 ml) herstellen und auf dem Kuchen verteilen. Ein Holzstäbchen durch die Crème-fraîche-Masse und den Tortenguss ziehen, sodass eine hübsche Marmorierung entsteht. Erneut im Kühlschrank 30 Minuten fest werden lassen. Den Tortenring entfernen und servieren.

**Tipp:** Wer keine Limetten findet, kann aber natürlich auch Zitronen verwenden.

# Schokoladige Gewürztorte mit Birnen

**1 Springform, 26 cm Ø**

*für Könner*

## Boden

| | |
|---:|---|
| 9 | Eier |
| 375 g | weiche Butter |
| 300 g | Zucker |
| ¼ TL | gemahlene Vanille |
| 200 g | Mehl |
| ¼ TL | Salz |
| 3 TL | Kakao |
| 1½ TL | gemahlener Zimt |
| 1 TL | gemahlener Kardamom |
| ¼ TL | gemahlene Gewürznelken |
| 1 Msp. | gemahlene Muskatnuss |

## Füllung & Belag

| | |
|---:|---|
| 4 | Birnen |
| 125 g | Zucker |
| 375 ml | Weißwein |
| 30 ml | Zitronensaft |
| 240 g | Schokolade (70 % Kakaoanteil) |
| 100 ml | Milch |
| 350 g | Sahne |
| 2 | Eigelb |
| 40 g | Zucker |
| | Schokoladenraspel zum Dekorieren |

**Tipp:** Die Torte schmeckt auch mit anderen Früchten toll, besonders mit Beeren aller Art. Ganz ohne Früchte oder mit Bratäpfeln gebacken bereichert sie sogar im Winter jede Kaffeetafel.

Den Backofengrill auf 200 °C vorheizen. Eine Springform einfetten. Für den Boden die Eier trennen. Die Butter mit 100 g Zucker und der Vanille in einer Schüssel schaumig schlagen. Eigelbe einzeln gut einrühren. Mehl in eine zweite Schüssel sieben. Eiweiße mit Salz steif schlagen, dabei den restlichen Zucker (200 g) langsam einrieseln lassen und weiterschlagen, bis ein glänzender Eischnee entstanden ist. Ein Drittel des Eischnees und das Mehl in die Eigelbmischung rühren. Restlichen Eischnee vorsichtig unterheben. Die Hälfte des Teigs in eine andere Schüssel füllen, den Kakao und die Gewürze unterrühren.

Den hellen und den dunklen Teig in je 4 Teile teilen. Einen Teil dunklen Teig auf dem Boden der Springform verteilen. (Ich fange mit dem dunklen Teig an, weil die Torte mit einer hellen Schicht abschließt, was ich schöner finde.) Im Ofen unter dem Grill etwa 4 Minuten auf Sicht backen, bis die Oberfläche gebräunt ist. Herausnehmen und die zweite Schicht mit hellem Teig in die Form geben und ebenso backen. So verfahren, bis heller und dunkler Teig aufgebraucht sind, insgesamt werden so 8 Schichten gebacken. Den fertigen Kuchen vollständig abkühlen lassen.

Für die Füllung Birnen schälen, halbieren und das Kerngehäuse entfernen. Einen Topf erwärmen und so viel Zucker einstreuen, bis der Boden bedeckt ist. Nicht rühren! Sobald der Zucker karamellisiert ist, nach und nach den restlichen Zucker hineinstreuen. Sobald der Zucker geschmolzen ist, Wein und Zitronensaft vermischen und in den Topf gießen. Bei mittlerer Hitze rühren, bis sich alle Karamellstückchen wieder aufgelöst haben. Die Birnenhälften dazugeben und in etwa 5 Minuten weich kochen. Vom Herd nehmen und im Sud abkühlen lassen. Birnen herausnehmen, gut abtropfen lassen und mit der Schnittfläche nach unten auf den Tortenboden legen.

Für den Belag Schokolade hacken. Milch und 75 g Sahne in einen Topf geben. Aufkochen und vom Herd nehmen. Eigelbe und Zucker in einer Metallschüssel verrühren. Die heiße Milchmischung unter Rühren in die Eigelbmischung gießen. Schüssel auf das Wasserbad setzen und die Eigelbmischung zur Rose abziehen (Seite 262). Herunternehmen und die Schokolade in der Masse schmelzen. Restliche Sahne (275 g) steif schlagen und unterheben und die Schokomasse auf dem Kuchen verstreichen, mit Schokoladenraspeln bestreuen. Im Kühlschrank 1 Stunde fest werden lassen. Torte erst vor dem Servieren aus der Form lösen.

# Biskuitrolle mit Johannisbeer-Frischkäse-Füllung

**1 Backblech, 35 × 45 cm**

| | |
|---:|---|
| 5 | Eigelb |
| 140 g | Zucker |
| 4 | Eiweiß |
| 1 Prise | Salz |
| 40 g | Mehl |
| 40 g | Speisestärke |
| 4 Blatt | Gelatine |
| 200 g | Johannisbeeren |
| ½ | Bio-Zitrone |
| 200 g | Frischkäse |
| ¼ TL | gemahlene Vanille |
| 200 g | Sahne |
| | Puderzucker zum Bestäuben |

Backofen auf 200 °C Ober-/Unterhitze vorheizen. Ein Backblech mit Backpapier auslegen. Eigelbe mit 40 g Zucker schaumig schlagen. Eiweiße mit Salz steif schlagen, dabei 40 g Zucker einrieseln lassen und weiterschlagen, bis ein glänzender Eischnee entstanden ist. Ein Drittel des Eischnees in die Eigelbmischung rühren.

Mehl und Speisestärke darübersieben und vorsichtig einarbeiten. Den restlichen Eischnee behutsam unterheben. Den Teig auf das Backpapier streichen. Im Ofen auf mittlerer Schiene in 12 Minuten hellbraun backen. Herausnehmen und die Biskuitplatte mit dem Backpapier auf ein feuchtes Küchentuch legen, damit sie formbar bleibt.

Gelatine in etwas kaltem Wasser einweichen. Johannisbeeren abzupfen. Zitronenschale abreiben und den Saft auspressen. Frischkäse, restlichen Zucker (60 g), Vanille und ½ TL Zitronenschale verrühren. Gelatine ausdrücken, in 2 EL Zitronensaft erhitzen (nicht kochen) und mit etwas Frischkäse verrühren. Anschließend in die restliche Frischkäsemasse einrühren. Sahne steif schlagen und unter die Frischkäsemasse heben.

Die Creme auf die Biskuitplatte streichen und die Johannisbeeren darauf verteilen. Von der kürzeren Seite her mit dem Backpapier aufrollen. Das Papier beim Rollen vorsichtig abziehen. Mit der Nahtstelle nach unten auf eine Kuchenplatte heben. Im Kühlschrank 30 Minuten fest werden lassen. Vor dem Servieren mit Puderzucker bestäuben.

ohne Butter

# Schwarz-Weiß-Torte

*Das ist ein Kuchen, der an zwei Tagen gebacken wird, denn die Schokosahne muss eine Nacht in den Kühlschrank. Auch den Boden am besten schon am Vortag herstellen, dann bröselt er beim Durchschneiden für die Tortenböden nicht so.*

**1 Springform, 26 cm Ø**
**1 Tortenring**

*braucht Vorbereitung*

**Boden**

| | |
|---|---|
| 5 | Eier |
| 50 g | Butter |
| 100 g | Mehl |
| 100 g | Zucker |

**Füllung & Überzug**

| | |
|---|---|
| 150 g | Vollmilchschokolade |
| 700 g | Sahne |
| 4 Blatt | Gelatine |
| 140 g | weiße Schokolade |
| 125 g | Schokolade (70–80 % Kakaoanteil) |
| 80 g | Butter |
| 8 | Eier |
| 3 EL | Zucker |
| 1 Prise | Salz |
| 12 | Konfektkugeln |

Backofen auf 180 °C Ober-/Unterhitze vorheizen. Springformboden einfetten. Eier trennen. Butter zerlassen. Mehl zweimal durchsieben. Eigelbe mit der Hälfte des Zuckers (50 g) schaumig schlagen. Eiweiße steif schlagen, den restlichen Zucker (50 g) einrieseln lassen und weiterschlagen, bis ein glänzender Eischnee entstanden ist.

Mehl und ein Drittel des Eischnees in die Eigelbmasse rühren. Restlichen Eischnee vorsichtig unterheben. Die Butter in dünnem Strahl dazugießen, ebenfalls unterheben. Den Teig in der Springform glatt streichen. Im Ofen auf mittlerer Schiene 18–20 Minuten backen. Herausnehmen und beiseitestellen.

Für die Füllung die Vollmilchschokolade zerbröckeln. Mit 250 g Sahne in eine Metallschüssel geben und über dem Wasserbad schmelzen. Herunternehmen, etwas abkühlen lassen und über Nacht in den Kühlschrank stellen.

Am nächsten Tag den Biskuitboden zweimal waagerecht durchschneiden. Für die Füllung Gelatine in etwas kaltem Wasser einweichen. Weiße und dunkle Schokolade jeweils mit 40 g Butter in eine Metallschüssel geben und über dem Wasserbad schmelzen. Herunternehmen. Eier trennen. Eigelbe mit 1 EL Zucker in einer Metallschüssel über dem Wasserbad schaumig schlagen und herunternehmen. 100 g Sahne erhitzen (nicht kochen) und die ausgedrückte Gelatine darin auflösen. Sahne in das warme Eigelb rühren.

Die Eigelbmasse zur Hälfte in die dunkle und zur Hälfte in die weiße Schokoladenmasse rühren. 300 g Sahne steif schlagen. Eiweiße mit Salz steif schlagen, dabei die restlichen 2 EL Zucker einrieseln lassen und weiterschlagen, bis ein glänzender Eischnee entstanden ist. Sahne und Eischnee jeweils zur Hälfte unter die beiden Schokoladenmischungen heben. Einen Tortenring um den unteren Boden spannen. Die dunkle Schokoladenmischung darauf glatt streichen. Den zweiten Boden darauflegen. Die helle Schokoladenmischung darauf glatt streichen, mit dem dritten Boden abdecken. Im Kühlschrank 2 Stunden fest werden lassen.

Den Tortenring entfernen. Die Schokoladensahne vom Vortag aus dem Kühlschrank nehmen und steif schlagen. Die Torte rundherum damit einstreichen. Für die Dekoration die restliche Sahne (50 g) steif schlagen und in einen Spritzbeutel füllen. 12 Tupfen auf die Torte spritzen. Auf jeden Tupfen 1 Konfektkugel setzen.

*für Könner*

# Gerbeaud-Schnitten

**1 quadratische Backform, 20 × 20 cm**

| | |
|---|---|
| 10 g | frische Hefe |
| 50 ml | lauwarme Milch |
| 160 g | Zucker |
| 250 g | Mehl |
| 125 g | kalte Butter |
| ¼ TL | Salz |
| 2 | Eigelb |
| 100 g | gemahlene Walnusskerne |
| 100 g | Marzipan |
| 125 g | Aprikosenkonfitüre |
| 100 g | Schokolade (70 % Kakaoanteil) |
| 50 g | Sahne |

Die Hefe in eine kleine Schüssel bröckeln, Milch und 1 TL Zucker dazugeben und rühren, bis sich die Hefe aufgelöst hat. Abdecken und beiseitestellen. Mehl und Butter in Stückchen in eine große Schüssel geben und mit den Fingerspitzen zu einer bröseligen Masse verkneten, dann 50 g Zucker und das Salz einarbeiten. Eigelbe und die Hefemischung dazugeben. Alles zu einem glatten Teig verkneten.

Die Form einfetten. Für die Füllung gemahlene Walnusskerne und restlichen Zucker (100 g) gut vermischen. Das Marzipan fein reiben. Den Teig in drei Teile teilen. Einen Teil ausrollen und in die Form geben. Mit der Hälfte der Konfitüre bestreichen, mit der Hälfte der Walnussmischung und des geriebenen Marzipans bestreuen. Das zweite Teigstück ausrollen, in die Form geben und mit der restlichen Konfitüre bestreichen. Mit der restlichen Walnussmischung und dem restlichen Marzipan bestreuen. Das letzte Teigstück ausrollen und in die Form legen. Die Form abdecken und bei Zimmertemperatur 1 Stunde gehen lassen.

Backofen auf 175 °C Ober-/Unterhitze vorheizen. Vor dem Backen mit einer Gabel Luftlöcher in die obere Teigplatte stechen. Im Ofen auf mittlerer Schiene 25 Minuten backen. Herausnehmen und abkühlen lassen. Für den Belag Schokolade und Sahne in einer Metallschüssel über dem Wasserbad schmelzen. Schokoladensahne auf dem Kuchen in der Form verteilen und fest werden lassen. Vor dem Servieren in Stücke schneiden.

**Tipp:** Die Schnitten dort probieren, wo sie erfunden wurden: Im Café Gerbeaud in Budapest. Dieses traditionsreiche Kaffeehaus existiert bereits seit 1858. Die Schnitten sind also ein echter Klassiker.

# Quarktorte mit Erdbeeren

**1 Springform, 26 cm Ø**

| | |
|---|---|
| 100 g | Butter |
| 200 g | Vollkornbutterkekse |
| 11 Blatt | Gelatine |
| 400 g | gezuckerte Kondensmilch |
| 250 g | Quark |
| 160 ml | Zitronensaft |
| 500 g | Sahne |
| 300 g | Erdbeeren |
| 70 g | Zucker |

Für den Boden die Butter zerlassen. Butterkekse in einen Gefrierbeutel geben und mit dem Nudelholz zerkrümeln oder in der Küchenmaschine zermahlen. Die Kekskrümel mit der Butter verrühren. Die Masse auf dem Boden der Springform festdrücken.

7 Blatt Gelatine in etwas kaltem Wasser einweichen. Kondensmilch und Quark verrühren. 120 ml Zitronensaft erwärmen und die ausgedrückte Gelatine darin auflösen. Gelatinemischung in die Quarkmischung rühren. Sahne steif schlagen und unterheben. Die Masse auf dem Kekskrümelboden verteilen. Im Kühlschrank 2 Stunden fest werden lassen.

Die restliche Gelatine (4 Blatt) in kaltem Wasser einweichen. Erdbeeren von den Kelchen befreien. Die Hälfte klein würfeln und die andere Hälfte pürieren. Zucker und restlichen Zitronensaft (40 ml) in das Püree rühren. Einige EL Püree erwärmen. Die ausgedrückte Gelatine darin auflösen und unter das restliche Püree rühren. Die Erdbeerwürfel auf der Quarkfüllung verteilen. Das Püree vorsichtig darüberlöffeln. Im Kühlschrank etwa 2 Stunden fest werden lassen. Vor dem Servieren den Springformrand entfernen.

**Tipp:** Wer es supereilig hat, fixiert die Erdbeeren einfach mit rotem Tortenguss (1 Päckchen).

*ohne Backen*

# Saint-Honoré-Torte

*Das ist eine klassische Torte für wirkliche Backfans mit viel Erfahrung, denn sie ist sehr aufwendig. Aber das Ergebnis kann sich wirklich sehen lassen.*

**1 Backblech, 35 × 45 cm**
**1 Spritzbeutel, Lochtülle 13 mm und Fülltülle**

## Mürbeteig

| | |
|---|---|
| 50 g | kalte Butter |
| 25 g | Puderzucker |
| 1 | Eigelb |
| 100 g | Mehl |
| 1 Prise | Salz |

## Brandteig

| | |
|---|---|
| 50 g | Butter |
| 1 Prise | Salz |
| 125 g | Mehl |
| 3 | Eier |

## Füllung

| | |
|---|---|
| 3 Blatt | Gelatine |
| 1 | Vanilleschote |
| 300 ml | Milch |
| 6 | Eigelb |
| 3 EL | Speisestärke |
| 360 g | Zucker |
| 450 g | Sahne |

*für Könner*

Mit den Zutaten einen Mürbeteig zubereiten wie beim Grundrezept auf Seite 250 beschrieben. Zur Kugel rollen, in Frischhaltefolie wickeln und mindestens 2 Stunden im Kühlschrank ruhen lassen.

Den Brandteig zubereiten wie beim Grundrezept auf Seite 258 beschrieben. Der fertige Teig sollte glänzen und weich vom Kochlöffel fallen. Den Teig in einen Spritzbeutel mit Lochtülle füllen.

Den Backofen auf 200 °C Ober-/Unterhitze vorheizen. Ein Backblech mit Backpapier auslegen. Mürbeteig auf dem Backpapier zu einem Kreis (24 cm Ø) ausrollen. Mit dem Brandteig am äußeren Rand des Mürbeteigkreises einen Ring aufspritzen. In die Mitte ebenfalls einen kleinen Kreis aufspritzen (etwa 10 cm Ø). Im Ofen auf mittlerer Schiene 15 Minuten backen. Herausnehmen und abkühlen lassen. Backofentemperatur halten.

Aus dem restlichen Brandteig kleine Tupfen für Mini-Windbeutel auf ein mit Backpapier belegtes Blech spritzen. Im Ofen auf mittlerer Schiene 15 Minuten backen. Herausnehmen und abkühlen lassen.

Für die Füllung die Gelatine in etwas kaltem Wasser einweichen. Vanilleschote mit der Milch in einen Topf geben und aufkochen. Eigelbe mit Speisestärke und 60 g Zucker in einer Schüssel verrühren. Vanilleschote aus der Milch entfernen und die heiße Milch unter Rühren in die Eigelbmischung gießen. Alles wieder in den Topf geben und erneut aufkochen, bis die Mischung eindickt. Gelatine ausdrücken und im heißen Pudding auflösen, abkühlen lassen. Sahne steif schlagen und unterheben. Die Windbeutel mit der Creme füllen. Dafür etwa ein Viertel der Creme in einen Spritzbeutel geben und in die Windbeutel spritzen.

Den restlichen Zucker (300 g) karamellisieren. Dafür einen Topf mit schwerem Boden erhitzen. Etwa ein Drittel des Zuckers einstreuen. Sobald er zu schmelzen beginnt, nach und nach den restlichen Zucker einstreuen. Erst rühren, wenn ein Teil des Zuckers bereits geschmolzen ist. Vom Herd nehmen. Die Windbeutel mit der Unterseite in den Karamell tauchen und ringsherum auf den Rand des Bodens kleben. Mit dem restlichen Karamell übergießen. Die Hälfte der restlichen Creme auf dem Boden verteilen. Die andere Hälfte in einen Spritzbeutel mit Lochtülle füllen und dekorative Tupfen auf die Creme spritzen.

braucht
Vorbereitung

# Panna-Cotta-Torte

*Ich mag diese Torte am liebsten, wenn die Panna Cotta noch etwas weich und trotzdem schnittfest ist. Mache ich sie am Vortag, nehme ich deswegen 1 Blatt Gelatine weniger – sie wird über Nacht im Kühlschrank fest genug.*

**1 Springform, 26 cm Ø**

**Mandelmürbeteig**

| | |
|---|---|
| 100 g | kalte Butter |
| 50 g | Puderzucker |
| 1 | Ei, Größe S |
| 40 g | gemahlene Mandeln |
| 300 g | Mehl |
| 1 Prise | Salz |

**Belag**

| | |
|---|---|
| 75 g | Schokolade (60–70 % Kakaoanteil) |
| 12 Blatt | Gelatine |
| 1 | Vanilleschote |
| 1 kg | Sahne |
| 120 g | Zucker |
| 1 Prise | Salz |

**Tipp:** Die Schokoladenschicht verhindert das Durchweichen des Bodens. Das geht auch mit Eiweiß: Die Innenflächen mit Eiweiß bepinseln und den Boden noch einmal 1 Minute in den Backofen stellen. Für die Sahne einen großen Topf nehmen, denn sie wallt beim ersten Aufkochen stark auf. Den Belag nie zu heiß auf die fest gewordene Panna Cotta geben, sie wird sonst wieder flüssig.

Aus den Zutaten einen Mandelmürbeteig zubereiten wie beim Grundrezept auf Seite 251 beschrieben. Mindestens 2 Stunden und maximal 4 Tage im Kühlschrank ruhen lassen.

Backofen auf 200 °C vorheizen. Teig kurz temperieren lassen und in die Springform geben, dabei einen 5 cm hohen Rand ausformen. Boden blindbacken wie auf Seite 252 beschrieben. Die Schokolade fein reiben. Den Boden aus dem Ofen nehmen und sofort mit der geriebenen Schokolade bestreuen. Kurz warten, bis sie zu schmelzen beginnt, und dann die Schokolade mit einem Pinsel auf dem Boden und dem Rand verteilen.

Für die Panna Cotta Gelatine in etwas kaltem Wasser einweichen. Die Vanilleschote aufschlitzen. Die Sahne mit dem Zucker, der Vanilleschote und 1 Prise Salz in einen Topf geben. Unter gelegentlichem Rühren aufkochen und bei mittlerer Hitze 5 Minuten kochen lassen.

Den Topf vom Herd nehmen, die Vanilleschote entfernen und die ausgedrückte Gelatine in der warmen Sahne auflösen. Abkühlen lassen. Die Creme sollte noch nicht gelieren, aber auch nicht mehr so heiß sein, dass die Schokolade schmilzt. Auf den Tortenboden gießen. Im Kühlschrank 2 Stunden gelieren lassen.

## Panna-Cotta-Torte mit Lebkuchengeschmack und Glühweingelee

Bei der Panna Cotta 3 TL Lebkuchengewürz mit der Sahne aufkochen. Für das Glühweingelee 4 Blatt Gelatine in etwas kaltem Wasser einweichen. 300 ml Glühwein mit 2 EL Zucker aufkochen, vom Herd nehmen und die Gelatine darin auflösen. Etwas abkühlen lassen und auf der fest gewordenen Panna Cotta verteilen. Noch mal 1 Stunde im Kühlschrank fest werden lassen.

## Panna-Cotta-Torte mit Kokos und Maracuja

Bei der Panna Cotta 400 g Sahne durch Kokosmilch ersetzen. Für den Belag 200 g Maracujafruchtfleisch (von etwa 8 Früchten), 2 EL Zitronensaft, 120 g Zucker und 6 Eigelbe in eine Metallschüssel geben. Unter Rühren mit dem Schneebesen über dem Wasserbad erwärmen, bis eine dicke Creme entstanden ist. Vom Herd nehmen und 150 g kalte Butter in Stückchen darin schmelzen. Durch ein Sieb streichen, etwas abkühlen lassen und auf der Panna Cotta verteilen. Noch mal 1 Stunde im Kühlschrank fest werden lassen.

## Panna-Cotta-Torte mit Holunderblüten und Erdbeeren

Bei der Panna Cotta den Zucker durch 150 ml Holunderblütensirup ersetzen. Für den Belag 2 Blatt Gelatine in etwas kaltem Wasser einweichen. 300 g Erdbeeren von den Kelchen befreien. Die eine Hälfte klein würfeln, die andere Hälfte pürieren. 70 g Zucker und 30 ml Zitronensaft in das Püree rühren. Einige EL Püree erwärmen, die ausgedrückte Gelatine darin auflösen und zum restlichen Püree geben. Die Erdbeerwürfel auf der fest gewordenen Panna Cotta verteilen und das Püree vorsichtig darüberlöffeln. Im Kühlschrank etwa 1 Stunde fest werden lassen.

## Panna-Cotta-Torte mit Eierlikör und Schlagsahne

Bei der Panna Cotta 200 g Sahne durch Eierlikör ersetzen. Für den Belag 200 g Sahne steif schlagen und auf der fest gewordenen Panna Cotta verteilen. 2 EL Eierlikör dekorativ auf die Sahne träufeln.

## Panna-Cotta-Torte mit dreierlei Schokolade

Der Boden dieser Torte ist aus Schokoladenmürbeteig (Seite 251). Bei der Panna Cotta nur 10 Blatt Gelatine in der heißen Sahne auflösen. 100 g weiße Schokolade und 100 g Vollmilchschokolade in je eine Schüssel geben. Die heiße Sahne jeweils zur Hälfte über eine Schokoladensorte gießen und verrühren, bis die Schokolade geschmolzen ist. Die helle Masse 30 Minuten in den Kühlschrank stellen und dann auf den Boden gießen. Den Kuchen 30 Minuten in den Tiefkühler stellen, bis die Masse geliert. Herausnehmen und die dunkle Masse auf den Boden gießen. Im Kühlschrank 2 Stunden gelieren lassen. 300 g Mascarpone mit 2 EL Zucker glatt rühren und auf der Torte verteilen. 80 g Schokolade (70 % Kakaoanteil) über dem Wasserbad schmelzen, in einen Gefrierbeutel füllen und eine kleine Ecke abschneiden. Schokolade in Streifen über den Kuchen spritzen, fest werden lassen.

## Panna-Cotta-Torte mit Blaubeeren und Lemon Curd

Die Panna Cotta auf den Boden gießen und 400 g Blaubeeren darauf verteilen, im Kühlschrank fest werden lassen. Für das Lemon Curd 3 Eier, 150 g Zucker, die abgeriebene Schale von 1 Bio-Zitrone und 80 ml Zitronensaft in einem Topf aufkochen und unter Rühren erwärmen, bis die Creme andickt. Vom Herd nehmen und durch ein Sieb streichen, um geronnene Stückchen vom Ei zu entfernen. 60 g kalte Butter in Stückchen einrühren, bis die Butter geschmolzen ist. Die Masse etwas abkühlen lassen und auf der fest gewordenen Panna Cotta verteilen.

## Panna-Cotta-Torte mit Safran und Blutorangen

Für die Panna Cotta ¼ TL Safranfäden mit 1 TL Zucker in einem Mörser zerstoßen. Statt der Vanilleschote in der Sahne aufkochen. Für den Belag 4 Blutorangen schälen und filetieren. Auf der fest gewordenen Panna Cotta verteilen. 3 Blatt Gelatine in etwas kaltem Wasser einweichen. 3–4 Blutorangen auspressen und 250 ml Saft abmessen. 50 ml Saft mit 40 g Zucker erwärmen und die ausgedrückte Gelatine darin auflösen. In den restlichen Saft rühren und über den Orangenfilets verteilen.

## Panna-Cotta-Torte mit Tonkabohnen und Himbeer Curd

Bei der Panna Cotta statt der Vanilleschote 4 Tonkabohnen in der Sahne aufkochen. Für den Himbeer Curd 250 g Himbeeren, 2 EL Zitronensaft und 50 g Zucker in einem Topf aufkochen. Vom Herd nehmen und durch ein Sieb streichen. Das Himbeermus in den Topf zurückgeben und mit 50 g Zucker, 4 Eigelben und 2 Eiern verrühren. Noch einmal kurz aufkochen. 60 g Butter darin schmelzen und vom Herd nehmen. Etwas abkühlen lassen und auf der fest gewordenen Panna Cotta verteilen. Noch mal 1 Stunde im Kühlschrank fest werden lassen.

## Panna-Cotta-Torte mit Zitronengras und gebratener Ananas

Für die Panna Cotta 4 Stängel Zitronengras mit einem Messer etwas flach klopfen, damit sich das Aroma entfalten kann, und in 2 cm breite Streifen schneiden. Statt der Vanilleschote in der Sahne aufkochen. Anschließend entfernen. Für den Belag Ananas schälen und den Strunk entfernen. Das Fruchtfleisch klein würfeln. 30 g Butter in einer Pfanne zerlassen. 2 EL Zucker und 2 EL Zitronensaft dazugeben. Ananaswürfel 3–5 Minuten braten, bis die Flüssigkeit verdampft ist. 40 g Kokosraspel dazugeben und weiterbraten, bis sie etwas Farbe angenommen haben. Ananas abkühlen lassen und dann auf der fest gewordenen Panna Cotta verteilen. 1 Päckchen Tortenguss nach Packungsanleitung mit 250 ml Ananassaft (oder Wasser) und 2 EL Zucker zubereiten, etwas abkühlen lassen und über die Ananaswürfel löffeln. Tortenguss fest werden lassen.

# Besondere Anlässe

# Peace of Cake mit Limetten

**1 Springform, 24–26 cm Ø**

| | |
|---|---|
| 2 | Bio-Limetten |
| 250 g | weiche Butter |
| 280 g | Zucker |
| ¼ TL | gemahlene Vanille |
| 4 | Eier |
| 250 g | Mascarpone |
| 250 g | Mehl |
| 50 g | Speisestärke |
| 3 TL | Backpulver |
| ¼ TL | Salz |
| 60 ml | Limettensaft |
| 1½ Blatt | Gelatine |
| 3 | Eigelb |
| 200 g | Erdbeeren |

Backofen auf 175 °C Ober-/Unterhitze vorheizen. Die Springform einfetten. Limetten auspressen und die Schale abreiben. Butter, 200 g Zucker und Vanille in einer Schüssel schaumig schlagen. Eier einzeln gut einrühren. Limettenschale und 2 EL Mascarpone untermengen. Mehl, Speisestärke, Backpulver und Salz in eine zweite Schüssel sieben. Abwechselnd mit der Hälfte des Limettensafts in die Buttermasse rühren. In die Springform geben. Kuchen im Ofen auf mittlerer Schiene 50 Minuten backen. Herausnehmen und abkühlen lassen.

Den Kuchen aus der Form nehmen und die Oberfläche gerade schneiden. Umdrehen und mit einem scharfen Messer die Aussparungen für das Peace-Zeichen herausschneiden.

Gelatine in etwas kaltem Wasser einweichen. Eigelbe mit dem restlichen Zucker (80 g) in eine Metallschüssel geben. Über dem Wasserbad etwa 5 Minuten schaumig schlagen, bis eine helle Creme entstanden ist. Restlichen Limettensaft (30 ml) erwärmen und die ausgedrückte Gelatine darin auflösen. In die warme Eigelbmasse rühren. Den restlichen Mascarpone (220 g) ebenfalls unterrühren. Die Creme in die Aussparungen auf dem Kuchen füllen. Im Kühlschrank 1 Stunde fest werden lassen.

Vor dem Servieren die Erdbeeren von den Kelchen befreien und in kleine Würfel schneiden. Die Erdbeerwürfel auf der Creme verteilen.

*zur Versöhnung*

# Baumkuchenherz mit Himbeeren

*Das Backen des Baumkuchenteigs verlangt die ganze Aufmerksamkeit des Kuchenkünstlers. Ich lasse die einzelnen Schichten nie aus den Augen.*

**1 Springform in Herzform, 24 cm Ø**

| | |
|---|---|
| ½ | Bio-Zitrone |
| ½ | Vanilleschote |
| 150 g | Marzipan |
| 6 | Eier |
| 150 g | weiche Butter |
| 150 g | Zucker |
| 1 Prise | Salz |
| 80 g | Mehl |
| 70 g | Speisestärke |
| 250 g | Mascarpone |
| 100 g | Crème fraîche |
| 125 g | weiße Schokolade |
| 300 g | frische Himbeeren |

**zum Valentinstag**

Backofengrill auf 190 °C vorheizen. Springform einfetten. Zitronenschale abreiben. Vanilleschote aufschlitzen und Mark herauskratzen. Marzipan reiben. Eier trennen. Eigelbe, Butter, Marzipan, Zitronenschale und die Hälfte des Zuckers (75 g) schaumig schlagen.

Eiweiße mit Salz steif schlagen, dabei den restlichen Zucker (75 g) einrieseln lassen und weiterschlagen, bis ein glänzender Eischnee entstanden ist. Ein Drittel des Eischnees in den Teig rühren, Mehl und Speisestärke darübersieben und unterheben. Restlichen Eischnee ebenfalls vorsichtig unterheben.

3 EL Teig auf dem Boden der Springform verteilen. Im Ofen auf mittlerer Schiene 2–5 Minuten auf Sicht backen. Die Oberfläche sollte mittelbraun werden. Anschließend 3 EL Teig auf der gebackenen Schicht verteilen und ebenfalls backen. So fortfahren, bis der Teig aufgebraucht ist. Herausnehmen und den Boden in der Form etwas abkühlen lassen. Springform entfernen und Kuchen auf einem Kuchengitter vollständig erkalten lassen.

Mascarpone, Crème fraîche und Vanille glatt rühren. Schokolade in eine Metallschüssel bröckeln und über dem Wasserbad schmelzen. Herunternehmen und in die Mascarponemischung rühren. Das Herz rundherum mit der Creme bestreichen und mit den Himbeeren belegen.

**Tipp:** Alle Zutaten für den Teig sollten unbedingt Zimmertemperatur haben. Das Marzipan bleibt sonst stückig.

# Osterlamm

**1 Backblech, 35 × 45 cm**

### Hefeteig

| | |
|---|---|
| 50 g | Butter |
| 650 g | Mehl |
| 1 Würfel | Hefe (42 g) |
| 120 g | Zucker |
| 100 ml | lauwarme Milch |
| 120 ml | Buttermilch |
| 2 | Eier |
| ½ TL | Salz |

### Mohnfüllung

| | |
|---|---|
| 100 g | Marzipan |
| 250 ml | Milch |
| 200 g | geriebener Mohn |
| 100 g | Zucker |
| 50 g | Butter |
| 1 Prise | Salz |
| 75 g | gemahlene Mandeln |
| 2 | Eigelb |
| 1 | Ei |
| 1 EL | Sahne |

Aus den Zutaten einen Hefeteig zubereiten wie im Grundrezept auf Seite 248 beschrieben und gehen lassen.

Für die Füllung das Marzipan zerbröseln oder reiben. Milch, Mohn, Zucker, Marzipan, Butter und Salz in einen Topf geben und bei geringer Hitze erwärmen, bis Marzipan und Butter sich aufgelöst haben. Den Topf vom Herd nehmen und die Mandeln hineinrühren, anschließend die Eigelbe. Ein Backblech mit Backpapier auslegen.

Etwas vom Teig abnehmen und für Kopf, Füße, Schwanz und Ohr beiseitestellen. Den restlichen Teig etwa 50 × 50 cm ausrollen. Mit der Füllung bestreichen. Den Teig aufrollen und die Rolle in 12 Scheiben schneiden. Die Schnecken nebeneinander auf das Backpapier legen, sodass sie den Körper des Lamms formen. Aus dem beiseitegestellten Teig Kopf, Füße, Schwanz und Ohr formen und an den Körper legen. 20 Minuten abgedeckt gehen lassen.

Backofen auf 180 °C Ober-/Unterhitze vorheizen. Ei und Sahne verrühren und das Lamm damit bestreichen. Im Ofen auf mittlerer Schiene 30 Minuten backen. Herausnehmen und abkühlen lassen.

*zu Ostern*

# Schokokuchen

*Dieser einfache Kuchen geht im Backofen zuerst auf und fällt dann in der Mitte wieder zusammen. Daher eignet er sich perfekt für ein Osternest. Er schmeckt aber natürlich auch einfach so.*

**1 Springform, 26 cm Ø**

| | |
|---|---|
| 300 g | Schokolade (70 % Kakaoanteil) |
| 200 g | Butter |
| 8 | Eier |
| 250 g | Zucker |
| 100 ml | Milch |
| 1 EL | Mehl |
| 1 EL | Kakao |
| 1 Prise | Salz |
| | Schokoladen- und/oder Zuckereier zum Dekorieren |

Backofen auf 175 °C Ober-/Unterhitze vorheizen. Boden einer Springform einfetten. Schokolade in eine Metallschüssel bröckeln und die Butter dazugeben. Über dem Wasserbad schmelzen und etwas abkühlen lassen. Eier trennen. Eigelbe in einer großen Schüssel mit der Hälfte des Zuckers (125 g) schaumig schlagen. Die Milch einrühren, anschließend das Mehl und den Kakao darübersieben und einarbeiten. Dann die Schokoladenbutter unterrühren.

Eiweiße mit dem Salz steif schlagen, dabei den restlichen Zucker (125 g) einrieseln lassen und weiterschlagen, bis ein glänzender Eischnee entstanden ist. Ein Drittel des Eischnees unter den Teig rühren und den Rest vorsichtig unterheben. Den Teig in die Springform geben. Im Ofen auf mittlerer Schiene 1 Stunde backen. Die Backofentür zwischendurch nicht öffnen. Herausnehmen, etwas abkühlen lassen, die Springform entfernen und den Kuchen auf eine Kuchenplatte setzen. Schokoladen- oder Zuckereier in die Mulde in der Mitte des Kuchens geben.

**zu Ostern**

**Varianten:**
**Schokoladen-Orangen-Kuchen:** Die Milch durch die gleiche Menge Grand Marnier ersetzen. 1 Bio-Orange abreiben und die Schale mit dem Mehl zum Teig geben.
**Schokoladen-Amaretto-Kuchen:** Die Milch durch die gleiche Menge Amaretto ersetzen. 8 Tropfen Bittermandelöl mit dem Mehl zum Teig geben.
**Schokoladen-Espresso-Kuchen:** Die Milch durch die gleiche Menge Espresso oder Kaffeelikör ersetzen.

# Fondanttorte

*Die Himbeerschicht für diese schicke, aber auch entsprechend aufwendige Torte lässt sich vorbereiten und wartet im Tiefkühler auf ihren Einsatz.*

**1 Springform, 24 cm Ø**
**1 Tortenring, 24 cm Ø**

*zum Geburtstag*

**Himbeerschicht**

| | |
|---|---|
| 5 Blatt | Gelatine |
| 350 g | Himbeeren |
| 75 g | Zucker |
| 1 EL | Zitronensaft |

**Biskuit**

| | |
|---|---|
| 50 g | Butter |
| 5 | Eier |
| 1 | Eigelb |
| 150 g | Zucker |
| ¼ TL | gemahlene Vanille |
| 1 Prise | Salz |
| 150 g | Mehl |

**Füllung**

| | |
|---|---|
| 4 Blatt | Gelatine |
| 200 g | weiße Schokolade |
| 300 g | Mascarpone |
| 350 g | Sahne |
| 200 g | weiche Butter |
| 200 g | Puderzucker |
| 500 g | weißes Rollfondant |
| 100 g | rosa Rollfondant |
| 100 g | türkises Rollfondant |
| | Zuckerschrift oder Zuckerguss zum Festkleben der Dekoration |

**Tipp:** Fondantformen gibt es mittlerweile mit vielen Motiven (z. B. www.meincupcake.de). Man kann die Torte natürlich auch mit Herzchen, Sternchen, Blumen oder Schokodeko verzieren. Auch mit Zuckerblüten aus dem Supermarkt sieht sie toll aus.

Für die Himbeerschicht Gelatine in etwas kaltem Wasser einweichen. Himbeeren, 75 ml Wasser, Zucker und Zitronensaft in einen Topf geben, aufkochen und 5 Minuten einkochen lassen. Vom Herd nehmen. Gelatine ausdrücken und in der heißen Himbeermasse auflösen. Springform mit Backpapier auslegen und das Himbeerkompott gleichmäßig darin verteilen. Mindestens 2 Stunden in den Tiefkühler stellen. (Die Springform entfernen.)

Aus den Zutaten für den Biskuit einen Boden backen wie im Grundrezept 1 auf Seite 256 beschrieben. Aus dem Ofen nehmen, abkühlen lassen und aus der Springform lösen. Den Biskuit zweimal waagerecht durchschneiden.

Für die Füllung Gelatine in etwas kaltem Wasser einweichen. Die Schokolade in eine Metallschüssel bröckeln. Über dem Wasserbad schmelzen und herunternehmen. Mascarpone in einer Schüssel glatt rühren. 50 g Sahne in einem Topf erwärmen, die ausgedrückte Gelatine darin auflösen und in die warme Schokolade rühren. Den Mascarpone unterrühren. Restliche Sahne (300 g) steif schlagen und unterheben.

Den unteren Boden auf eine Kuchenplatte legen und einen Tortenring darumspannen. Ein Drittel der Creme darauf glatt streichen, den zweiten Boden auflegen und leicht andrücken. Den Boden mit dem zweiten Drittel der Creme bestreichen und die Himbeerplatte auflegen. Die restliche Creme darauf glatt streichen. Mit dem dritten Boden abdecken. Im Kühlschrank 2 Stunden fest werden lassen. Herausnehmen und den Tortenring entfernen.

Butter und Puderzucker schaumig schlagen. Die Torte rundherum mit der Buttercreme bestreichen. Das weiße Fondant auf einer Silikonunterlage oder Backpapier zu einem Kreis (40 cm Ø) ausrollen und auf die Torte legen. Die überstehenden Ränder der Fondantplatte abschneiden. Für die Dekoration habe ich Fondantformen verwendet. Dafür das farbige Fondant in die Form drücken, mit einem Messer die überstehenden Reste abschneiden, Figuren herauslösen und mit Zuckerschrift (Fertigprodukt) oder Zuckerguss auf den Kuchen kleben.

*Klassiker*

# Geburtstagsgugelhupf

*Wie man sich vorstellen kann, gibt es bei mir zu Hause jeden Tag genügend Kuchen — auch besondere Rezepte. Meine Kinder bevorzugen jedoch einfache Dinge wie diesen Gugelhupf. Er wird seit Jahren zu jedem ihrer Geburtstage gebacken.*

**1 Gugelhupfform, 2 l Inhalt**

| | |
|---|---|
| 200 g | weiche Butter |
| 250 g | Zucker |
| ¼ TL | gemahlene Vanille |
| 5 | Eier |
| 300 g | Mehl |
| 200 g | Speisestärke |
| ¼ TL | Salz |
| 1 | Eiweiß |
| 200 g | Puderzucker |

Backofen auf 175 °C Ober-/Unterhitze vorheizen. Eine Gugelhupfform einfetten. Butter, Zucker und Vanille schaumig schlagen. Eier einzeln gut einrühren. Mehl, Speisestärke und Salz über die Eimasse sieben und unterrühren.

Den Teig in die Gugelhupfform füllen. Im Ofen auf der unteren Schiene 1 Stunde backen. Herausnehmen, 15 Minuten abkühlen lassen, aus der Form auf ein Kuchengitter stürzen und vollständig abkühlen lassen.

Für den Guss Eiweiß mit Puderzucker glatt rühren. Ist die Masse zu fest, etwas mehr Eiweiß oder Wasser dazugeben. Ist sie zu flüssig, mehr Puderzucker. Guss auf dem Kuchen verstreichen oder darüberlöffeln.

**Tipp:** Statt Eiweiß kann man auch Wasser, Zitronen- oder Orangensaft verwenden. Der Guss sollte nicht zu flüssig werden, denn dann wirkt er auf dem Kuchen durchsichtig und nicht so schön weiß.

# Halloween-Kuchen

*Macht Kinder nicht nur an Halloween glücklich, sondern ist auch ein Hit auf jeder Kinderparty.*

**1 Spring- oder Kuppelform, 24–26 cm Ø**

| | |
|---|---|
| 500 g | Kürbis |
| 4 | Eier |
| 200 g | weiche Butter |
| 440 g | Marzipan |
| 200 g | Zucker |
| 150 g | Mehl |
| 2 TL | Backpulver |
| ½ TL | Salz |
| 150 g | gemahlene Mandeln |
| 120 g | Puderzucker |
| | Lebensmittelfarbe (orange, schwarz, grün) |

*für die Kinderparty*

Kürbis schälen, entkernen und in Würfel schneiden. In einen Topf mit Wasser geben, aufkochen und in etwa 10 Minuten weich kochen. Durch ein Sieb abschütten, abtropfen, abkühlen lassen und pürieren. 350 g Kürbispüree abwiegen.

Backofen auf 175 °C Ober-/Unterhitze vorheizen. Form einfetten. Eier trennen. Butter mit 140 g Marzipan und 100 g Zucker in einer Schüssel schaumig schlagen. Eigelbe einzeln dazugeben und gut einrühren. Mehl, Backpulver und Salz in eine zweite Schüssel sieben und die Mandeln untermengen.

Mehlmischung und Kürbispüree abwechselnd in die Buttermasse rühren. Eiweiße steif schlagen, dabei den restlichen Zucker (100 g) einrieseln lassen und weiterschlagen, bis ein glänzender Eischnee entstanden ist. Unter den Teig heben. Den Teig in die Form geben. Im Ofen auf mittlerer Schiene 1 Stunde backen (Garprobe machen, Seite 264). Herausnehmen, etwas abkühlen lassen und die Form abnehmen. Kuchen auf einem Kuchengitter vollständig abkühlen lassen.

Restliches Marzipan (300 g) mit dem Puderzucker vermischen. Das Marzipan sollte nicht zu lange und möglichst nicht mit den warmen Händen geknetet werden, sonst wird es ölig. Ein Drittel des Marzipans beiseitelegen für die grüne und schwarze Masse. Den Rest orange färben.

Orangefarbenes Marzipan zwischen zwei Lagen Backpapier oder Frischhaltefolie ausrollen. Den Kuchen mit dem Marzipan einkleiden. Restliches Marzipan schwarz und grün färben und ebenso ausrollen. Aus der schwarzen Masse Augen, Nase und Mund ausschneiden, aus der grünen Masse einen Kürbisstiel. Den Kuchen damit dekorieren.

# Weihnachtstorte

**1 Backblech, 35 × 45 cm**
**1 Kuppelform oder 1 Schüssel, 20 cm Ø**

## Biskuit

| | |
|---|---|
| 50 g | Butter |
| 80 g | Mehl |
| 80 g | Speisestärke |
| 6 | Eier |
| 1 Prise | Salz |
| 150 g | Zucker |

## Füllung & Dekoration

| | |
|---|---|
| 4 Blatt | Gelatine |
| 30 g | Zitronat |
| 30 g | Orangeat |
| 3 EL | Rum |
| 400 g | Sahne |
| 4 | Eigelb |
| 1 TL | Lebkuchen- oder Spekulatiusgewürz |
| 100 g | Zucker |
| 60 g | dunkle Schokoraspel |
| 180 g | Mandarinenfilets oder abgetropfte Dosenmandarinen |
| 1 | Marzipandecke (300 g) |
| 2 TL | gemahlener Zimt Schokoladendekor |

Backofen auf 180 °C Ober-/Unterhitze vorheizen. Ein Backblech mit Backpapier auslegen. Für den Biskuit Butter zerlassen. Mehl und Speisestärke in eine Schüssel sieben. Eier trennen. Eiweiße mit Salz steif schlagen, dabei ein Drittel des Zuckers (50 g) einrieseln lassen und weiterschlagen, bis ein glänzender Eischnee entstanden ist.

Eigelbe mit dem restlichen Zucker (100 g) schaumig schlagen. Ein Drittel des Eischnees unterrühren und den Rest abwechselnd mit der Mehlmischung vorsichtig unterheben. Am Schluss die zerlassene Butter unterziehen. Den Teig auf dem Backpapier verteilen. Im Ofen auf mittlerer Schiene 15 Minuten backen. Herausnehmen, mit dem Backpapier auf ein feuchtes Küchentuch ziehen und abkühlen lassen.

Eine Kuppelform oder Schüssel mit Frischhaltefolie auslegen. Das Backpapier vom Biskuit abziehen. Aus dem Biskuitboden 2 Kreise (20 cm Ø) ausschneiden. 1 Kreis in die Form legen und den zweiten für die Abdeckung beiseitelegen. Aus dem restlichen Biskuit Streifen schneiden und den Rand der gesamten Form damit auskleiden.

Die Gelatine in etwas kaltem Wasser einweichen. Zitronat und Orangeat fein hacken. Mit dem Rum und 50 g Sahne in einen Topf geben und erwärmen. (Oder alles im Mixer pürieren und dann erwärmen, dann wird die Mousse besonders fein.) Die Eigelbe mit dem Lebkuchen- oder Spekulatiusgewürz und dem Zucker schaumig schlagen. Die ausgedrückte Gelatine in der Rummischung auflösen und in die Eigelbmischung rühren.

Die restliche Sahne (350 g) steif schlagen und mit den Schokoraspeln unter die Creme heben. Die Hälfte der Creme in der Form verteilen, die Mandarinenfilets daraufgeben. Mit der restlichen Creme bedecken. Mit dem beiseitegelegten Biskuitkreis abdecken. Im Kühlschrank 2 Stunden fest werden lassen.

Torte auf eine Kuchenplatte stürzen und die Frischhaltefolie abziehen. Die Marzipandecke darauflegen und an den Rändern festdrücken. Überschüssiges Marzipan abschneiden. Eine Sternschablone auf die Torte legen und mit Zimt bestäuben. Mit Schokoladendekor verzieren.

*gut vorzubereiten*

# Weihnachtskuchen mit Mandelfüllung

*Ein Kuchen, den es in den Niederlanden das ganze Jahr gibt. Bei uns werden Gewürze wie Ingwer, Gewürznelken oder Kardamom hauptsächlich in der Weihnachtsbäckerei verwendet. Das Foto für diesen Kuchen habe ich im August gemacht, und er hat auch im Sommer allen geschmeckt.*

**1 Auflaufform, 25 × 35 cm
oder 1 tiefes Backblech, 25 × 35 cm**

| | |
|---|---|
| 300 g | kalte Butter |
| 225 g | feiner Vollrohrzucker |
| 5 | Eier |
| 1 | Eigelb |
| 2 TL | gemahlener Zimt |
| ½ TL | gemahlener Ingwer |
| ¼ TL | gemahlene Gewürznelken |
| ¼ TL | gemahlener Kardamom |
| ¼ TL | gemahlener Pfeffer |
| ¼ TL | Salz |
| 450 g | Mehl |
| 1 | Bio-Zitrone |
| 375 g | gemahlene Mandeln |
| 375 g | Zucker |
| 1 EL | Sahne |
| | ein paar halbierte Mandeln |

Die Butter in Würfel schneiden und rasch mit dem Rohrzucker verkneten. 1 Ei und das Eigelb einrühren. Die Gewürze mit dem Mehl vermischen und auf einmal dazugeben. Alles zu einem festen Mürbeteig verkneten. Zur Kugel rollen, in Frischhaltefolie packen und mindestens 2 Stunden im Kühlschrank ruhen lassen.

Backofen auf 200 °C Ober-/Unterhitze vorheizen. Für die Füllung Zitronenschale abreiben. Mandeln, Zucker, Zitronenschale und 3 Eier zu einer glatten Masse rühren.

Etwas mehr als die Hälfte des Teigs auf Backpapier zu einem Rechteck ausrollen (40 × 30 cm). Die Platte mit dem Backpapier in ein tiefes Blech oder eine eckige Form legen. Die Füllung darauf verteilen. Den restlichen Teig auf die Größe der Form ausrollen und die Füllung damit abdecken. An den Rändern festdrücken. Restliches Ei und die Sahne verrühren und den Kuchen damit bepinseln. Mandelhälften dekorativ darauf verteilen. Im Ofen auf mittlerer Schiene 30 Minuten backen. Herausnehmen und abkühlen lassen. Vor dem Servieren in Stücke schneiden.

**Variante:** Für einen **gedeckten Apfelkuchen** 3–4 Äpfel schälen, vom Kerngehäuse befreien und in Spalten schneiden. Die Spalten auf der Füllung verteilen und mit der zweiten Teigplatte abdecken.

# Linzer Kuchen

*Die klassische Linzer Torte wird mit Mürbeteig gemacht. Ich fand es spannend, aus den Zutaten und Gewürzen eine schnelle Version mit Rührteig zu backen. Der Kuchen ist fix zubereitet und schmeckt mindestens genauso fein wie seine Vorlage.*

**1 Backblech, 35 × 45 cm**
**1 Spritzbeutel, Lochtülle 9 mm Ø**

| | |
|---|---|
| 360 g | Kekse (z. B. Löffelbiskuits, Butterkekse) |
| 250 g | weiche Butter |
| 250 g | Zucker |
| ¼ TL | gemahlene Vanille |
| | abgeriebene Schale von |
| | ½ Bio-Zitrone |
| 6 | Eier |
| 250 g | gemahlene Haselnusskerne |
| 120 g | Mehl |
| 2 TL | gemahlener Zimt |
| ½ TL | gemahlene Gewürznelken |
| ¼ TL | Salz |
| 2 EL | Rum |
| 600 g | Konfitüre nach Geschmack |
| | Puderzucker |

Backofen auf 175 °C Ober-/Unterhitze vorheizen. Ein Backblech mit Backpapier auslegen. Kekse mit der Küchenmaschine mahlen oder in einem Gefrierbeutel mit dem Nudelholz fein zerbröseln. Butter mit Zucker, Vanille und Zitronenschale schaumig schlagen. Eier einzeln gut einrühren. Gemahlene Haselnusskerne, Kekskrümel, Mehl, Zimt, Gewürznelken und Salz vermischen. In den Teig rühren. Am Schluss den Rum dazugeben.

Drei Viertel des Teigs auf dem Backpapier verteilen. Konfitüre auf den Teig streichen. Den restlichen Teig in einen Spritzbeutel füllen und ein Gitter auf die Konfitüre spritzen. Im Ofen auf mittlerer Schiene 30–35 Minuten backen. Herausnehmen und abkühlen lassen. Vor dem Servieren mit Puderzucker bestäuben.

*zu Weihnachten*

# Kinderwagen

*Wichtig für alle Rührteige: Die Zutaten sollten Zimmertemperatur haben! Also alles rechtzeitig aus dem Kühlschrank nehmen, sonst gelingt der Kuchen nicht. Das gilt hier auch für die Creme.*

**1 Springform, 26 cm Ø**

**Rührteig**

| | |
|---|---|
| 200 g | weiche Butter |
| 180 g | Zucker |
| ¼ TL | gemahlene Vanille |
| | abgeriebene Schale von ½ Bio-Zitrone |
| 4 | Eier |
| 250 g | Mehl |
| 30 g | Speisestärke |
| 3 TL | Backpulver |
| ¼ TL | Salz |
| 150 g | Sauerrahm oder Joghurt |

**Creme & Deko**

| | |
|---|---|
| 100 g | Puderzucker |
| 250 g | Frischkäse |
| 100 g | weiche Butter |
| ¼ TL | gemahlene Vanille |
| | Lebensmittelfarbe |
| 1 | Marzipandecke, etwa 30 × 40 cm |
| | weiße Zuckerschrift |
| | Zuckerperlen/Zuckerstreusel |

Backofen auf 175 °C Ober-/Unterhitze vorheizen. Springform einfetten. Butter, Zucker, Vanille und Zitronenschale in einer Schüssel schaumig schlagen. Eier einzeln gut einrühren. Mehl, Speisestärke, Backpulver und Salz in eine zweite Schüssel sieben und abwechselnd mit dem Sauerrahm oder dem Joghurt in den Teig rühren. Den Teig in die Springform geben. Im Ofen auf mittlerer Schiene 45 Minuten backen. (Garprobe machen, Seite 264) Herausnehmen, 10 Minuten abkühlen lassen und die Springform entfernen. Kuchen auf einem Kuchengitter vollständig abkühlen lassen.

Aus dem Kuchen ein Viertel herausschneiden und daraus 2 Kreise für die Räder ausstechen. Einen Griff abschneiden. Der Dreiviertelkreis des restlichen Kuchens hat schon die Form eines Kinderwagens. Auf eine Kuchenplatte legen.

Puderzucker, Frischkäse und Vanille glatt rühren. Nach und nach die Butter und die Lebensmittelfarbe dazugeben. Es ist sehr wichtig, dass die Butter wirklich weich ist, denn sonst vermischt sie sich nicht mit den anderen Zutaten und es bleiben kleine Klümpchen zurück. Den Kuchen rundherum mit der Creme bestreichen.

Marzipandecke halbieren und eine Hälfte fächerförmig als Kinderwagendach auf den Kuchen legen. Mit dem restlichen Marzipan die Räder und die Stange einkleiden. Mit der Zuckerschrift Speichen auf die Räder malen. Die Räder und die Stange an den Kuchen legen. Den Kinderwagen nach Belieben mit Zuckerperlen verzieren und mit der Zuckerschrift den Namen des Kindes daraufschreiben.

# Babyflasche

Rührteig zubereiten wie oben beschrieben. In eine ausgebutterte Rehrücken- oder Terrinenform (25 × 10 cm) füllen. Im Ofen auf mittlerer Schiene bei 175 °C Ober-/Unterhitze 60 Minuten backen (Garprobe machen, siehe Seite 264). Herausnehmen, 10 Minuten abkühlen lassen und den Kuchen aus der Form stürzen. Auf einem Kuchengitter vollständig abkühlen lassen. Auf eine Kuchenplatte legen. Ein Ende des Kuchens so zurechtschneiden, dass ein Schnuller erkennbar wird. Die Buttercreme herstellen wie auf Seite 238 beschrieben, jedoch die Lebensmittelfarbe zunächst weglassen. Den Schnuller mit etwas weißer Creme einkleiden. Restliche Creme mit Lebensmittelfarbe hellblau oder rosa färben und die Flasche damit einkleiden. Mit Zuckerperlen und Zuckerstreuseln verzieren.

# Schultüte

Rührteig zubereiten wie oben beschrieben. In eine ausgebutterte Kastenform (22 × 8 cm) füllen. Im Ofen auf mittlerer Schiene bei 175 °C Ober-/Unterhitze 60 Minuten backen (Garprobe machen, Seite 264). Herausnehmen, 10 Minuten abkühlen lassen und den Kuchen aus der Form stürzen. Auf einem Kuchengitter vollständig abkühlen lassen. Die Oberfläche glatt schneiden und auf eine Kuchenplatte legen. Jeweils von der Mitte der Längsseiten ein Dreieck zur Mitte der schmalen Seite abschneiden und an den oberen Längsrand legen, sodass ein längliches Dreieck entsteht. Die Buttercreme herstellen wie auf Seite 238 beschrieben, nach Belieben mit Lebensmittelfarbe einfärben. Den Kuchen rundherum mit der Creme bestreichen. 150 g gefärbtes Marzipan zu einem Halbkreis ausrollen und fächerförmig an den oberen Rand der Schultüte legen. 50 g Marzipan ausrollen, Buchstaben ausstechen und dekorativ auf der Tüte verteilen.

# 1 Teig – 10 Kuchen: Mottokuchen aus Rührteig

## Schmetterling

Rührteig zubereiten wie oben beschrieben. In eine ausgebutterte Springform (24 cm Ø) geben. Im Ofen auf mittlerer Schiene bei 175 °C Ober-/Unterhitze 45 Minuten backen (Garprobe machen, Seite 264). Herausnehmen, 10 Minuten abkühlen lassen und die Springform abnehmen. Auf einem Kuchengitter vollständig abkühlen lassen. Den Kuchen halbieren und die 2 Halbkreise auf einer Kuchenplatte mit der Rundung gegengleich aneinanderlegen. Die Buttercreme herstellen wie auf Seite 238 beschrieben (mit Lebensmittelfarbe). Den Kuchen rundherum mit der Creme bestreichen. Mit Mini-Marshmallows und mit Smarties verzieren. Für die Fühler 2 Schokoladensticks in den Kuchen stecken.

## Weltkugel

1,5-fache Menge des Rührteigs zubereiten wie oben beschrieben. In eine ausgebutterte Kuppelform (20 cm Ø) geben. Im Ofen auf mittlerer Schiene bei 175 °C Ober-/Unterhitze 70 Minuten backen (Garprobe machen, Seite 264). Herausnehmen, 10 Minuten abkühlen lassen und aus der Form stürzen. Auf einem Kuchengitter vollständig abkühlen lassen und auf eine Kuchenplatte setzen. Die Buttercreme herstellen wie auf Seite 238 beschrieben (mit Lebensmittelfarbe). Den Kuchen rundherum mit der Creme bestreichen. Aus Marzipan die Umrisse von Ländern auf der Weltkugel ausschneiden und auf den Kuchen legen.

## Teekanne

50 g blaues Fondant ausrollen und daraus die Tülle und den Griff ausschneiden. 2 Tage bei Zimmertemperatur vollständig trocknen lassen (oder 3 Stunden im Backofen bei 50 °C Ober-/Unterhitze). 1,5-fache Menge des Rührteigs zubereiten wie oben beschrieben. In eine ausgebutterte Kuppelform (22 cm Ø) füllen. Im Ofen auf mittlerer Schiene bei 175 °C Ober-/Unterhitze 70 Minuten backen (Garprobe machen, Seite 264). Herausnehmen, 10 Minuten abkühlen lassen und den Kuchen aus der Form stürzen. Auf einem Kuchengitter vollständig abkühlen lassen. 250 g blaues Fondant zu 1 Kreis (32 cm Ø) ausrollen und über den Kuchen legen, etwas andrücken und die Ränder abschneiden. Etwas von dem abgeschnittenen Fondant ausrollen und 1 Kreis (6 cm Ø) ausstechen. Als Deckel auf die Kanne legen. Für den Griff und die Tülle jeweils an den gegenüberliegenden Seiten Streifen aus dem Fondant auf dem Kuchen schneiden. Mit Zuckerguss oder Zuckerschrift Griff und Tülle hineinkleben. Aus weißem Fondant eine Schnur rollen und um den Deckel legen. Eine weitere Schnur für den Rand unten am Teller rollen und um die Kanne legen. Mit Fondantausstechern kleine Blumen ausstechen (oder fertige Zuckerblumen kaufen). Mit Zuckerguss auf die Kanne kleben.

# Geschenkpaket

Rührteig zubereiten wie oben beschrieben. In eine ausgebutterte quadratische Form (20 × 20 cm) oder einen Backrahmen auf Backpapier geben. Im Ofen auf mittlerer Schiene bei 175 °C Ober-/Unterhitze 45 Minuten backen (Garprobe machen, Seite 264). Herausnehmen, 10 Minuten abkühlen lassen und aus der Form stürzen oder den Backrahmen entfernen. Auf einem Kuchengitter vollständig abkühlen lassen. Die Oberfläche glatt schneiden und auf eine Kuchenplatte legen. Die Buttercreme herstellen wie auf Seite 238 beschrieben. Den Kuchen rundherum mit der Creme bestreichen. 200 g gefärbtes Marzipan oder Fondant ausrollen, 2 lange dünne Streifen abschneiden und wie ein gebundenes Geschenkband über Kreuz auf den Kuchen legen. 2 weitere Streifen abschneiden, daraus eine Schleife formen und ebenfalls auf den Kuchen legen.

# Handtasche

Rührteig zubereiten wie oben beschrieben. In eine ausgebutterte Springform (24 cm Ø) geben. Im Ofen auf mittlerer Schiene bei 175 °C Ober-/Unterhitze 45 Minuten backen (Garprobe machen, Seite 264). Herausnehmen, 10 Minuten abkühlen lassen und die Springform abnehmen. Auf einem Kuchengitter vollständig abkühlen lassen. Den Kuchen halbieren und die eine Hälfte senkrecht auf eine Kuchenplatte stellen. Die andere Hälfte aufessen oder eine weitere Handtasche daraus machen. Die Buttercreme herstellen wie auf Seite 238 beschrieben (mit Lebensmittelfarbe). Den Kuchen rundherum mit der Creme bestreichen. Aus Marzipan Griff, Schnalle und Rand formen und am Kuchen anbringen. Mit Zuckerperlen und Zuckerblümchen verzieren.

# Schaf

Die 1,5-fache Menge Rührteig zubereiten wie oben beschrieben. Etwas Teig in eine Muffinform (7–8 cm Ø) geben. Den restlichen Teig in eine Kuppelform (20 cm Ø) füllen. Im Ofen auf mittlerer Schiene bei 175 °C Ober-/Unterhitze 70 Minuten backen (Garprobe machen, Seite 264). Muffin nach 30 Minuten aus dem Ofen nehmen. Herausnehmen, 10 Minuten abkühlen lassen und aus der Form stürzen. Auf einem Kuchengitter vollständig abkühlen lassen. Den Kuchen auf eine Kuchenplatte setzen. Muffin mit einem Zahnstocher als Kopf in der Mitte der Kuppel befestigen. Die Buttercreme herstellen wie auf Seite 238 beschrieben (ohne Lebensmittelfarbe). Den Kuchen mit der Creme bestreichen. 250 g Mini-Marshmallows dicht an dicht als Fell auf die Creme setzen. Am Kopf eine Stelle für das Gesicht des Schafs frei lassen. Schokotropfen als Augen und Nase hineindrücken. 2 rosa Bonbons als Ohren anbringen.

# Schlange

Rührteig zubereiten wie oben beschrieben. In eine ausgebutterte Kranzform (24 cm Ø) geben. Im Ofen auf mittlerer Schiene bei 175 °C Ober-/Unterhitze 45 Minuten backen (Garprobe machen, Seite 264). Herausnehmen, 10 Minuten abkühlen lassen und aus der Form stürzen. Auf einem Kuchengitter vollständig abkühlen lassen. Den Kuchen in 8 Teile schneiden und die einzelnen Teile wie eine Schlange aneinandersetzen. Die Buttercreme herstellen wie auf Seite 238 beschrieben (mit Lebensmittelfarbe). Den Kuchen rundherum mit der Creme bestreichen. 2 Augen aus Smarties oder Schokotropfen aufsetzen und den Körper mit Schokoladenröllchen oder anderer Kuchendekoration nach Belieben verzieren.

# Basiswissen

• Grundteige • Backtechniken • Küchenausstattung
• Tipps für die Kuchendeko • Gesundes Backen
• Backzutaten umrechnen

# Hefeteig

Keine Angst vor Hefeteig! Wer zimmerwarme Zutaten nimmt, Zugluft vermeidet und kräftig knetet, hat keine Probleme. Außerdem ist er ideal für Kaloriensparer, weil sich die Butter gut durch Magerquark ersetzen lässt.

## Hefeteig Grundrezept

| | |
|---:|---|
| 70 g | Butter |
| 600 g | Mehl |
| 1 Würfel | Hefe (42 g) |
| 80 g | Zucker |
| 150 ml | lauwarme Milch |
| 2 | Eier |
| ¼ TL | gemahlene Vanille |
| ¼ TL | Salz |

Die Butter zerlassen. Das Mehl in eine Schüssel geben und eine Mulde in die Mitte drücken. Die Hefe hineinbröckeln und 20 g Zucker darüberstreuen. Die Milch darübergießen. Mit etwas Mehl vom Rand zu einem Vorteig verrühren, bis die Hefe sich aufgelöst hat. Abdecken und 20 Minuten gehen lassen.

Eier, zerlassene Butter, Vanille, Salz und den restlichen Zucker (60 g) zum Vorteig geben. Alles mit den Händen oder der Küchenmaschine zu einem geschmeidigen Teig verkneten. Je länger geknetet wird, desto besser geht der Teig auf. Abdecken und an einem warmen Ort 1–2 Stunden gehen lassen. Der Teig sollte sein Volumen verdoppeln.

Den Teig erneut mit den Händen durchkneten, nach Wunsch belegen oder füllen und in der Form oder auf dem Blech noch einmal 20 Minuten abgedeckt gehen lassen.

## Hefeteig kalorienarm

| | |
|---:|---|
| 500 g | Mehl |
| 1 Würfel | Hefe (42 g) |
| 90 g | Zucker |
| 180–200 ml | fettarme Milch |
| 1 | Eiweiß |
| ¼ TL | gemahlene Vanille |
| 1 Prise | Salz |
| 2 EL | Magerquark |

Der Teig wird genauso zubereitet wie im Grundrezept beschrieben, nur wird statt der Butter etwas Magerquark verwendet.

# Hefeteig-Tipps

Hefeteig ist viel unkomplizierter als die meisten vermuten. Der Teig gelingt in der Regel auch, wenn man nicht alle Regeln haargenau befolgt. Bekommt der Teig nicht genügend Wärme, braucht er einfach ein bisschen mehr Zeit zum Gehen. Wenn er also einmal nicht aufgeht: Geduld haben und abwarten. Außerdem ist er ein Verwandlungskünstler. Mit verschiedenen Cremes, Belägen, Füllungen und Früchten hat man schnell etwas Gutes aus den Zutaten gebacken, die gerade zur Hand sind.

**Temperatur:** Während der Verarbeitung und vor allem während des Gehens sollte jede Zugluft vermieden werden. Also den Teig an den wärmsten Ort im Haus oder in den nur leicht temperierten Backofen stellen.

**Trockenhefe** eignet sich ebenso wie frische Hefe. Faustregel: 1 Päckchen entspricht 25 g Frischhefe. Bei Trockenhefe wird kein Vorteig angerührt, sondern alle Zutaten werden sofort vermengt.

**Milch,** in der Hefe aufgelöst wird, sollte unbedingt lauwarm sein, aber keinesfalls zu heiß, weil sonst die Hefepilze abgetötet werden. Im Idealfall hat sie Körpertemperatur. Sie kann durch Buttermilch, Sahne oder Wasser (z.B. bei Brot) ersetzt werden. Das Verhältnis von der Flüssigkeit zum Mehl sollte etwa 2 Teile Mehl zu 1 Teil Flüssigkeit betragen.

**Zucker** lässt die Hefe schneller gehen, zu viel davon macht den Teig jedoch hart. Also lieber sparsam verwenden.

**Eigelb** macht den Teig feinporiger und mürber als ganze Eier. Der Teig kann aber auch ohne Eier geknetet werden. Klassischer Pizzateig beispielsweise enthält nur Mehl, Hefe, Salz und Olivenöl.

**Fett:** Butter und/oder Pflanzenöl macht den Teig saftiger und länger haltbar. Kalorienarmer Teig mit Quark muss schnell gegessen werden.

**Mehlsorten:** Mehl für Hefeteig muss genügend Klebereiweiß enthalten, sonst zerfällt der Teig. Weizen und Dinkel funktionieren gut und können durch gemahlene Nusskerne, Mandeln oder andere Getreidesorten (etwa Hirse oder Hafer) ergänzt werden.

Das **Ausrollen** von Hefeteig funktioniert am besten auf einer bemehlten Arbeitsfläche. Ist der Teig eher trocken und fest, braucht man die Arbeitsfläche nicht einmal zu bemehlen, dann löst sich der Teig auch so sehr gut.

Hefegebäck, das in **Formen** gebacken wird, wie z.B. Gugelhupf, sollte man noch warm stürzen. Sonst entsteht Kondenswasser, das den Kuchen aufweicht und in der Form kleben lässt.

Möchte man Hefeteig **am Vortag** herstellen, kann man ihn über Nacht im Kühlschrank gehen lassen. Vor dem Backen auf Zimmertemperatur bringen.

**Einfrieren** ist für Hefeteig kein Problem, es sollte jedoch vor dem Gehen erfolgen. Er hält sich tiefgekühlt etwa 6 Monate. Vor dem Weiterverarbeiten am besten über Nacht im Kühlschrank auftauen lassen und vor dem Backen auf Zimmertemperatur bringen. Auch fertiges Hefegebäck kann man einfrieren. Zum Auftauen kommt es noch einmal kurz in den Backofen – dann schmeckt es wieder ganz frisch.

# Mürbeteig

Mürbeteig ist nicht nur die Grundlage für alle Tartes, sondern auch als Plätzchenteig unentbehrlich. Da er sich bis zu 4 Tagen im Kühlschrank hält und auch gut einfrieren lässt, sollte man immer eine Portion oder einen Tarteboden für »Notfälle« und Überraschungsbesuch zur Hand haben.

### Mürbeteig Grundrezept

**1 Tarte- oder Springform, 28 cm Ø**

| | |
|---|---|
| 100 g | kalte Butter |
| 50 g | Puderzucker |
| ¼ TL | gemahlene Vanille |
| 1 | Ei, Größe S |
| 220 g | Mehl |
| 1 Prise | Salz |

Butter in Stückchen schneiden. Butter, Puderzucker und Vanille rasch miteinander vermengen. Puderzucker eignet sich am besten, weil er sich in der Butter schneller auflöst. Die Butter sollte nicht schaumig werden, nur geschmeidig. Das Ei dazugeben und weiterrühren.

Mehl und Salz auf einmal hineinschütten. Nur so lange weiterrühren, bis ein geschmeidiger Teig entstanden ist. Wird der Mürbeteig zu lang gerührt, wird er zäh. Der Teig muss weich sein, aber nicht klebrig. Ist der Teig zu brüchig, 1 EL Milch oder Wasser dazugeben. Ist er zu weich, etwas Mehl.

Den Teig zu einer Kugel formen und in Frischhaltefolie wickeln. Vor der Weiterverarbeitung für mindestens 2 Stunden und maximal 4 Tage in den Kühlschrank legen. (Ab hier geht's für einen Tarteboden oder Springformboden weiter mit dem Blindbacken auf Seite 252.)

# Mürbeteig-Varianten

Mürbeteig kann man ganz einfach passend zum Belag einer Tarte variieren. Die Zubereitung ist im Prinzip immer gleich: Nach dem Zugeben der Eier wird nicht nur das Mehl eingerührt, sondern auch Mandeln, Kakao, Kokosraspel oder Nugat. Auch 1–2 EL kalter Kaffee oder Espresso geben ein tolles Aroma.

### Mandelmürbeteig

| | |
|---|---|
| 100 g | kalte Butter |
| 50 g | Puderzucker |
| 30 g | gemahlene Mandeln |
| 1 | Ei, Größe S |
| 200 g | Mehl |
| 1 Prise | Salz |

### Kokosmürbeteig

| | |
|---|---|
| 100 g | kalte Butter |
| 50 g | Puderzucker |
| 1 | Ei, Größe S |
| 190 g | Mehl |
| 1 Prise | Salz |
| 30 g | Kokosraspel |

### Quarkmürbeteig kalorienarm

| | |
|---|---|
| 20 g | kalte Butter |
| 80 g | kalter Magerquark |
| 50 g | Puderzucker |
| 1 | Ei, Größe S |
| 220 g | Mehl |
| 1 Prise | Salz |
| ¼ TL | gemahlene Vanille |

### Schokoladenmürbeteig

| | |
|---|---|
| 100 g | kalte Butter |
| 50 g | Puderzucker |
| 1 | Ei, Größe S |
| 190 g | Mehl |
| 30 g | Kakao |
| 1 Prise | Salz |
| ¼ TL | gemahlene Vanille |

### Nugatmürbeteig

| | |
|---|---|
| 100 g | kalte Butter |
| 50 g | Puderzucker |
| 1 | Ei, Größe S |
| 30 g | flüssiger Nugat |
| 190 g | Mehl |
| 1 Prise | Salz |

Mit etwas Quark im Teig kann man zudem den Butteranteil verringern und erhält so einen kalorienarmen Quarkmürbeteig. Dafür muss die Form vor dem Backen aber gut gebuttert werden!

# Blindbacken von Mürbeteig

Mürbeteig wird meistens ohne Füllung in der Tarte- oder Spring-form vorgebacken. Diesen Vorgang nennt man Blindbacken. Zum einen haben die Füllungen meist eine viel kürzere oder gar keine Backzeit und zum anderen verhindert das Vorbacken das Durchweichen des Bodens, z. B. durch Früchte.

Dafür den Teig aus dem Kühlschrank nehmen und etwa 20 Minuten temperieren lassen. Zwischen 2 Schichten Frischhaltefolie oder Backpapier ausrollen. So bleibt nichts an der Teigrolle kleben. Die Teigplatte sollte etwa 5 mm dick und etwas größer als die Form sein.

Die obere Folie abziehen, die Teigplatte umdrehen und mit der verbliebenen Folie nach oben über die Form legen. Den Teig gleichmäßig in den Boden und Rand der Form hineindrücken. Die obere Folie vorsichtig abziehen. Den überschüssigen Teig entfernen, indem man mit der Teigrolle über den Rand der Tarte rollt. Um das Absacken des Rands beim Backen zu verhindern, Form 30 Minuten tiefkühlen.

Nach der Kühlzeit die Tarte mit Backpapier auslegen und getrocknete Hülsenfrüchte einfüllen, um eine Blasenbildung zu verhindern. Auf mittlerer Schiene im vorgeheizten Ofen bei 200 °C Ober-/Unterhitze oder 180 °C Umluft 16 Minuten backen. Aus dem Ofen nehmen, die Hülsenfrüchte mit einem großen Löffel entfernen und das Papier abziehen.

Einen Boden, der nochmals mit einer Füllung gebacken wird, weitere 2 Minuten bei 200 °C backen. Ein Boden, der nach dem Füllen nur gekühlt wird, kommt für weitere 4–5 Minuten in den Backofen.

**Achtung:** Bei den Hülsenfrüchten passiert es nicht selten, dass beim Entfernen die eine oder andere unter das Backpapier rutscht und auf dem Teig landet. Unbedingt sofort entfernen, sonst kann das zu bösen Überraschungen führen, wenn Ihre Lieben beim Verzehr des Kuchens auf eine harte Erbse oder Linse beißen.

# Mürbeteig- und Tarte-Tipps

Für Tartes am besten Tarteformen mit **Hebeboden** benutzen. Der Hebeboden vereinfacht das Herauslösen der Tarte aus der Form erheblich.

Die Form muss für einen Mürbeteig **nicht gefettet** werden, denn dieser enthält genug Butter und lässt sich dadurch leicht lösen.

Kommt ein Mürbeteigboden gerade aus dem Ofen, ist er weich. Nach dem Abkühlen kann er sehr schnell brechen. Daher st es sinnvoll, den **Rand einer Springform** gleich nach dem Backen mit einem Messer vom Rand zu lösen (ohne die Form zu entfernen).

Den **Hebeboden** einer Tarteform nach dem Herausnehmen aus dem Ofen etwas anheben, um sicherzugehen, dass der Teig nicht am Rand kleben bleibt.

Sollte der Mürbeteig dennoch brechen, an der **Bruchstelle** mit Eiweiß bepinseln und wieder zusammenkleben.

Wird der Boden mit Füllung **ein zweites Mal** gebacken, ist es nicht notwendig, dass er zwischendurch abkühlt: Füllung hineingeben und gleich weiterbacken.

Wird die Tarte mit einer **Cremefüllung** gefüllt, die nicht gebacken wird, muss der Boden vollständig abgekühlt sein.

Passt nicht der ganze **Belag** auf die Tarte, in kleine Schälchen füllen und einfach mitbacken. Schmeckt, wie die ungebackenen Cremereste, auch als Dessert.

Tartes kann man sowohl als Boden als auch als fertige Tarte gut **einfrieren;** sie halten sich bis zu 3 Monate. Hat eine Tarte mehrere Schichten, am besten die oberste Schicht frisch machen.

Kuchen und Böden aus der Kühltruhe schmecken besonders aromatisch, wenn sie **zum Auftauen** kurz aufgebacken werden, weil sich der Buttergeschmack dann wieder voll entfalten kann.

# Backen in der Springform

Bei Springformen, in denen der Teig einen höheren Rand bekommen soll, z. B. für den Johannisbeerkuchen mit Mandelbaiser (Seite 103), legt man das ausgerollte Teigstück auf den Boden der Springform und schneidet den überschüssigen Teig ab. Dann den Springformrand aufsetzen. Aus dem übrigen Teig Teigstreifen rollen und daraus den Rand formen. Die gefüllte Form wird dann wie die Tarteform gekühlt. Das Blindbacken funktioniert ebenfalls wie für die Tarteform beschrieben.

# Rührteig

Rührteigkuchen sind die klassischen Alltagskuchen, unkompliziert und beliebt bei Jung und Alt. Jeder kennt Marmorkuchen, Sandkuchen oder Gugelhupf. Es gibt unzählige Varianten mit und ohne Milch oder – wie hier mit Sauerrahm oder Joghurt. Sie werden alle nach dem gleichen Prinzip zusammengerührt.

### Rührteig Grundrezept

**1 Springform, 24 cm Ø**
**oder 1 Kranzform, 24 cm Ø**

| | |
|---|---|
| 200 g | weiche Butter |
| 180 g | Zucker |
| ¼ TL | gemahlene Vanille |
| | abgeriebene Schale von |
| | ½ Bio-Zitrone |
| 4 | Eier |
| 250 g | Mehl |
| 30 g | Speisestärke |
| 3 TL | Backpulver |
| ¼ TL | Salz |
| 150 g | Sauerrahm oder Joghurt |

Backofen auf 175 °C Ober-/Unterhitze vorheizen. Form einfetten. Butter, Zucker, Vanille und Zitronenschale in einer Schüssel schaumig schlagen. Eier einzeln gut einrühren, jedes Ei etwa 30 Sekunden.

Mehl, Speisestärke, Backpulver und Salz in eine zweite Schüssel sieben und abwechselnd mit dem Sauerrahm oder dem Joghurt in den Teig rühren. Den Teig in die Form geben. Im Ofen auf mittlerer Schiene 45 Minuten backen. (Garprobe machen, Seite 264).

Herausnehmen, 10 Minuten abkühlen lassen und die Form entfernen. Kuchen auf einem Kuchengitter vollständig abkühlen lassen.

# Rührteig-Tipps

Rührkuchen können relativ einfach in verschiedenen Formen gebacken werden. Die **Backzeiten** und die **Teigmengen** variieren dann allerdings. Für die Menge des Grundrezepts gilt:

- Springform, 24 cm Ø: 45 Minuten
- Kranzform, 24 cm Ø: 45 Minuten
- Kastenform, 22 × 8 cm: 60 Minuten
- Gugellhupfform, 22 cm Ø, 2 l Inhalt und 1,5-fache Teigmenge: 70 Minuten
- Kuppelform, 20 cm Ø, 1,75 l Inhalt und 1,5-fache Teigmenge: 70 Minuten

Bei Rührkuchen immer eine **Garprobe** machen!

Alle Zutaten sollten **Zimmertemperatur** haben, denn nur so können sie sich optimal miteinander verbinden. Außerdem kommt dann mehr Luft in den Teig und er geht besser auf.

Der **gerührte Teig** sollte sofort gebacken werden, sonst geht er beim Backen nicht richtig auf. Das liegt am Backpulver, dass die Rührteige als Treibmittel enthalten. Diese Treibmittel beginnen zu arbeiten, sobald sie mit Flüssigkeit und Hitze in Berührung kommen.

Die **Form** muss immer gut ausgebuttert werden, damit sich der fertige Kuchen gut aus der Form löst. Die gefettete Form kann zusätzlich mit Mehl bestäubt werden, dann löst sich der Kuchen noch besser. Auch gemahlene Mandeln, Nusskerne oder Kokosraspel eignen sich zum Auskleiden, aber natürlich nur, wenn das Aroma zum Kuchen passt. Die gefettete Form vor dem Einfüllen des Teigs am besten in den Kühlschrank stellen, dann wird die Butter wieder hart und vermischt sich beim Einfüllen nicht mit dem Teig.

**Silikonformen** müssen nicht unbedingt ausgebuttert werden, zur Sicherheit sollte man es aber dennoch tun. Sie sind praktisch, weil der Kuchen besser herauszulösen ist. Ich verwende sie jedoch kaum noch, weil ich immer das Gefühl habe, mein Kuchen schmeckt nach Silikon.

Bei schlecht beschichteten Formen besteht die Gefahr, dass der Kuchen beim Stürzen in der Form hängen bleibt. Legt man ein **nasses Geschirrtuch** über die Form, löst er sich besser.

**Gebrochene Kuchenteile** mit Eiweiß einpinseln und wieder zusammenkleben.

Rührkuchen schmecken **am Tag nach dem Backen** am aromatischsten. Schwere Kuchen mit viel Fett werden mit der Zeit sogar immer besser. In der Regel kann man Rührkuchen 1 Woche lang gekühlt aufbewaren, zum Verzehr sollten sie Zimmertemperatur haben.

Rührteige lassen sich ungebacken und gebacken **einfrieren.** Einen ungebackenen Teig sollte man vorher in die Form füllen und vor dem Backen auftauen lassen. Dann braucht man ihn zum gewünschten Zeitpunkt nur in den Ofen zu schieben. Die Backzeit verlängert sich dadurch um 10–15 Minuten. Noch besser ist es, ihn am Vorabend zum **Auftauen** in den Kühlschrank zu stellen.

Gebackene Kuchen sollte man sicherheitshalber **portionsweise einfrieren,** so kann man sie in kleinen Mengen auftauen und es dauert nicht so lange, bis sie verzehrfertig sind.

**Tiefgekühlte Rührkuchen** sollte man nicht länger als 4 Monate aufbewahren.

# Biskuit

Biskuitmasse besteht aus Eiern, Zucker, Mehl und viel Luft. Es gibt sie in vielen Variationen: mit oder ohne getrennte Eier, kalt oder warm gerührt, mit oder ohne Fett und auch Abwandlungen durch Zugabe von Mandeln, Nusskernen, Kakao oder Schokolade. Ich verwende hauptsächlich zwei Teigvarianten: eine ohne getrennte Eier und eine mit. Beim klassischen Wiener Biskuit bekommt der Teig durch das Aufschlagen über dem Wasserbad noch mehr Luft und Stand.

**1 Springform, 26 cm Ø**

| | |
|---|---|
| 50 g | Butter |
| 5 | Eier |
| 1 | Eigelb |
| 150 g | Zucker |
| ¼ TL | gemahlene Vanille |
| 1 Prise | Salz |
| 150 g | Mehl |

**Grundrezept 1:** Backofen auf 200 °C Ober-/Unterhitze vorheizen. Boden der Springform einfetten. Die Butter zerlassen. Eier, Eigelb, Zucker, Vanille und Salz schaumig schlagen. Es ist wichtig, die Eier so lange zu schlagen, bis sie nicht mehr an Volumen zunehmen. Die Masse sollte hellgelb und luftig sein. Das Mehl darübersieben und vorsichtig unterheben. Zerlassene Butter unterziehen. Den Teig in der Springform glatt streichen. Im Ofen auf mittlerer Schiene 20 Minuten backen. Herausnehmen, abkühlen lassen und aus der Springform lösen.

**Grundrezept 2 mit getrennten Eiern:** Backofen auf 180 °C Ober-/Unterhitze vorheizen. Boden einer Springform einfetten. Die Butter zerlassen. Das Mehl zweimal sieben. Die Eier trennen. Eigelbe mit der Hälfte des Zuckers schaumig schlagen. Eiweiße mit dem Salz steif schlagen, dabei restlichen Zucker einrieseln lassen und weiterschlagen, bis ein glänzender Eischnee entstanden ist. Das Mehl und ein Drittel des Eischnees unter die Eigelbmasse rühren, dann die zerlassene Butter. Den restlichen Eischnee vorsichtig unterheben. Den Teig in der Springform glatt streichen. Im Ofen auf mittlerer Schiene 20 Minuten backen. Herausnehmen, abkühlen lassen und aus der Springform lösen.

**Grundrezept 3 Wiener Biskuit:** Dafür Butter, Eier, Eigelb und Zucker in einer Metallschüssel über dem Wasserbad etwa 5 Minuten aufschlagen, bis eine helle Creme entstanden ist. Die Masse darf dabei nur handwarm werden. Anschließend die Creme wieder kalt schlagen und erst dann gesiebtes Mehl, Vanille und Salz unterheben.

# Biskuit-Tipps

Beim **Aufschlagen** der Eier muss viel Luft hineingeschlagen werden. Je mehr Eier in den Kuchen kommen, desto luftiger wird die Masse.

Die anderen Zutaten werden nicht miteinander verrührt, sondern vorsichtig durch das **Unterheben** miteinander vermengt. Beim Rühren würde die vorher in die Eier eingeschlagene Luft wieder entweichen.

**Wiener Biskuit** ist etwas fester als kalt geschlagener Biskuit und hat eine glänzende, glatte Oberfläche.

**Biskuitmassen** sollten sofort gebacken werden, sonst verflüssigt sich der Eierschaum und verliert an Fülle.

Beim Backen dehnt sich die Luft aus und das **Volumen** des Kuchens vergrößert sich stark.

Biskuitböden lassen sich **am Tag nach dem Backen** besser schneiden, weil sie dann nicht mehr so bröseln.

# Brandteig

Brandteig wird eigentlich zweimal gegart. Einmal im Topf und anschließend im Ofen (z.B. Windbeutel) oder auch im Fett. Er vergrößert sein Volumen beim Backen sehr. Man kann ein Schälchen mit Wasser in den Backofen stellen, um Dampf zu erzeugen, dann geht er besonders gut auf. Brandteig ist recht klebrig, daher wird er meist mit dem Spritzbeutel aufgetragen. Viele kennen ihn nur von Windbeuteln oder Eclairs, aber auch als Kuchenboden eignet er sich, z.B. bei der Flockentorte (Seite 144). Ich finde die Herstellung zwar einfach, aber immer sehr anstrengend, weil es Kraft erfordert, die Eier unter den Teigkloß im Topf zu rühren. Die Backzeit ist sehr unterschiedlich und richtet sich nach der Art des Gebäcks. Brandteigrezepte in diesem Buch: Flockentorte (Seite 144), Saint-Honoré-Torte (Seite 209).

### Brandteig Grundrezept

| | |
|---:|---|
| 100 g | Butter |
| 1 Prise | Salz |
| 250 g | Mehl |
| 6 | Eier |

250 ml Wasser, Butter und Salz in einen Topf geben. Aufkochen und das gesiebte Mehl unter Rühren auf einmal dazugeben. Sobald sich die Masse als Kloß vom Topfboden löst, den Topf vom Herd nehmen und etwas abkühlen lassen. Die Eier mit einem Teigspatel einzeln gut in die warme Masse einarbeiten. Der fertige Teig sollte glänzen und weich vom Kochlöffel fallen.

Den Backofen auf 200 °C Ober-/Unterhitze vorheizen und den klebrigen Teig in einen Spritzbeutel füllen, damit man ihn besser portionieren kann.

Für Windbeutel Tupfen auf ein mit Backpapier ausgekleidetes Backblech spritzen. Genügend Abstand lassen, denn der Teig geht stark auf. Für einen Brandteigboden in der Mitte beginnend schneckenförmig einen Kreis aufs Blech spritzen. Je nach Größe des Gebäcks etwa 10 Minuten backen. Stellt man ein feuerfestes Schälchen mit Wasser zusätzlich in den Ofen, geht der Teig besser auf.

# Gugelhupf-Tipps

Für Gugelhupf gibt es sehr viele unterschiedliche Teige und Massen, die dann in der bekannten Form gebacken werden. Allen gemeinsam ist, dass ein paar Tipps zum besseren Gelingen verhelfen. Rezepte ab Seite 58 und auf Seite 229 (Geburtstagsgugelhupf).

Die **Form** immer gut fetten, mit Mehl bestreuen und überschüssiges Mehl abklopfen.

Die **Backzeit** variiert von Ofen zu Ofen und auch unterschiedliche Formen liefern unterschiedliche Ergebnisse, daher immer einen Garprobe machen (Seite 264).

Gugelhupf hält sich **luftdicht verpackt** einige Tage, meist schmeckt er am zweiten Tag am besten, weil sich dann alle Aromen entfaltet haben. Ist er nach einiger Zeit zu trocken, je nach Zutaten mit Saft, Likör oder Kaffee tränken.

Dem Teig können beliebige **Aromen** zugefügt werden, z. B. Zimt, Kardamom, Ingwer, Anis, Koriander, Tonkabohne, Safran, Muskat, Gewürznelken, Kaffeepulver und die abgeriebene Schale von Zitronen, Orangen oder Mandarinen.

Aromatisiere ich den Gugelhupf mit **Alkohol,** ersetze ich einen Teil des Joghurts. Gut eignen sich dafür Amaretto, Orangenlikör, Rum oder Kaffeelikör.

Nusskerne, Mandeln, Körner, Schokoladenstückchen oder Trockenfrüchte geben dem Teig eine **besondere Note.**

Gibt man **frische Früchte** unter den fertigen Teig, wälzt man sie vorher in Mehl. Dann sinken sie im Kuchen nicht ab.

Wer **Vollkornmehl** verwenden möchte, nimmt 50 g weniger. Vollkornmehle quellen stärker auf und binden mehr Flüssigkeit.

Für **kleinere Formen** kann die Teigmenge beliebig verkleinert werden. **Teigreste** bäckt man als Muffins oder in kleinen Dessertschälchen.

Gugelhupf wird immer auf der **unteren Schiene des Backofens** gebacken, denn der Kuchen ist sehr hoch und würde auf der mittleren Schiene oben schwarz werden.

# Käsekuchen

Ein eigentliches »Grundrezept« für Käsekuchen gibt es nicht, da es viele verschiedene Möglichkeiten für Käsemasse und Boden gibt. Die meisten meiner Käsekuchen sind jedoch vom Aufbau her sehr ähnlich: Ich mache einen Keks-krümelboden, den man nicht backen muss. Diese Böden gehen sehr schnell, sehen schön aus und schmecken fantastisch. Darauf kommt dann eine Masse, die größtenteils aus Frischkäse besteht.

### Käsekuchen einfach

**1 Springform, 26 cm Ø**

| | |
|---|---|
| 70 g | Butter |
| 200 g | Vollkornbutterkekse |
| 1 kg | Frischkäse |
| 260 g | Zucker |
| 50 g | Speisestärke |
| ¼ TL | gemahlene Vanille |
| ¼ TL | Salz |
| 250 g | Crème double oder Sahne |
| 3 | Eier |

Den Backofen auf 175 °C Ober-/Unterhitze vorheizen. Die Springform einfetten. Für den Boden die Butter zerlassen. Die Butterkekse in einen Gefrierbeutel geben und mit dem Nudel-holz zerkrümeln oder in der Küchenmaschine zermahlen. Die Kekskrümel mit der Butter verrühren. Die Masse auf dem Boden der Springform festdrücken.

Für die Käsemasse etwa 300 g Frischkäse mit 1 EL Zucker und der Speisestärke verrühren. Den restlichen Frischkäse nach und nach dazugeben und einrühren, anschließend den restlichen Zucker. Vanille, Salz und Crème double oder Sahne hinzufügen. Zum Schluss die Eier unterrühren.

Die Käsemasse auf dem Boden in der Springform verteilen. Im Ofen auf mittlerer Schiene 50–60 Minuten backen. In der Mitte darf der Kuchen sich noch etwas bewegen, wenn man gegen die Form stößt. Er wird beim Abkühlen fester. Den Kuchen herausneh-men. Mindestens 3 Stunden in der Form völlig abkühlen lassen.

# Käsekuchen-Tipps

**Backen im Wasserbad:** Wird der Kuchen im Wasserbad gebacken ist die Konsistenz cremiger. Außerdem sieht er besser aus, weil er nicht aufgeht und anschließend in der Mitte zusammenfällt. Ohne Wasserbad entstehen außerdem manchmal unschöne Risse auf der Oberfläche, die man nur durch einen Belag verbergen kann.

Wichtig ist, dass der Kuchen gut in Alufolie gepackt wird, damit kein Wasser durch die Springform nach innen dringt. In einer geschlossenen Form geht das natürlich am besten, dann ist es aber schwierig den Kuchen wieder herauszubekommen. Ich friere den Kuchen deswegen meist ein paar Stunden ein. Beim Backen im Wasserbad verlängert sich die Backzeit um 10–15 Minuten.

Je flüssiger der Teig ist, desto länger ist die **Backzeit.** Der Kuchen sollte am Ende der Backzeit fest sein, darf sich in der Mitte aber noch etwas bewegen, wenn man gegen die Form stößt. Er wird beim Abkühlen fester.

Für **Kaloriensparer:** Meine Frischkäsekuchen sind sehr mächtig. Wer es ein bisschen leichter haben möchte, kann sie mit einer fettarmen Frischkäsesorte backen. Beim Variieren der Frischkäse- und Quarksorten sollte man wegen der unterschiedlichen Konsistenz ansonsten vorsichtig sein.

Verwendet man **Quark** für den Käsekuchen, muss er möglichst trocken sein. Also vorher gut abtropfen lassen. Man kann auch Schichtkäse verwenden, der aufgrund eines anderen Herstellungsverfahrens eine trockenere Beschaffenheit besitzt.

Um **Risse** im Käsekuchen möglichst zu vermeiden, sollte nach der Zugabe der Eier nur noch so lange gerührt werden, bis die Masse homogen ist. Schlägt man die Eier zu sehr, geht der Kuchen beim Backen stark auf und fällt anschließend zusammen oder reißt.

**Backtemperatur:** Käsekuchen darf nur bei niedriger Temperatur gebacken werden. Dann geht er kaum auf, die Eier binden ihn aber ab. Nach dem Backen kann man den Ofen abstellen und den Kuchen darin abkühlen lassen.

Da Käsekuchen schon am **Vortag** zubereitet werden sollte, eignet er sich gut für Feste. Den Belag mache ich meist erst kurz vor dem Servieren auf den Kuchen.

Käsekuchen sind **tiefgekühlt** 3 Monate haltbar. Wenn ich einen ganzen Käsekuchen einfriere, gebe ich den Belag ebenfalls erst nach dem Auftauen frisch darauf.

# Backtechniken

Es gibt eine Menge kleiner Tricks, die dem Kuchenbäcker und der Kuchenbäckerin das Leben leichter machen. Und natürlich ein paar Backtechniken, die man beherrschen sollte. Die wichtigsten Techniken für meine Kuchen habe ich im Folgenden zusammengestellt.

### Zur Rose abziehen

Cremes oder Saucen auf Eigelbbasis dürfen oft nicht kochen. Um sie anzudicken, müssen sie also vorsichtig über dem Wasserbad erwärmt werden. Dabei sollte man ständig rühren. Um zu erkennen, ob die Creme oder Sauce heiß genug ist, nimmt man etwas Creme auf den Kochlöffel oder Teigspatel und bläst darauf. Bilden sich Wellen, die wie eine Rose aussehen, ist die Creme fertig.

### Kalt rühren

Oft werden erwärmte Cremes oder Saucen anschließend wieder kalt gerührt, was ihnen eine bessere Konsistenz verleiht. Dieses Kaltrühren wird auch gerne über dem Wasserbad gemacht, allerdings über einem kalten. Dafür am besten die Schüssel in eine größere Schüssel, die mit Eiswasser gefüllt ist, stellen. Meist überlasse ich jedoch das Kaltrühren meiner Küchenmaschine, weil es doch sehr lang dauert und ziemlich anstrengend ist.

### Karamell herstellen

Karamell ist geschmolzener Zucker. Für seine Herstellung braucht man etwas Übung, weil er schnell verbrennt, und eine bestimmte Temperatur, damit man ihn verarbeiten kann. Um Karamell herzustellen, wird Zucker bei mittlerer bis mäßiger Hitze in einen großen Topf gestreut, der Boden sollte gerade bedeckt sein. Beginnt der Zucker, sich zu verflüssigen, gibt man nach und nach mehr dazu. Dabei nicht rühren, sondern den Topf von Zeit zu Zeit etwas hin und her schwenken, damit sich alles gut verteilt und der Zucker gleichmäßig karamellisiert.
Es gibt auch die Möglichkeit, den Zucker mit etwas Wasser zu karamellisieren, dabei ist das Rühren erlaubt. Wichtig ist, dass man einen Holz- oder Silikonlöffel benutzt. Durch die starke Hitze würde ein Plastiklöffel schmelzen und ein Metalllöffel so heiß werden, dass man sich verbrennt. Ein Topf mit schwerem, hellem Boden eignet sich am besten, darin ist die Färbung des Karamells gut zu erkennen.

### Schokolade verarbeiten

Besonders wichtig für die Verarbeitung von Schokolade ist die Qualität. Man sollte nur hochwertige Schokolade verwenden, denn die Verwendung von Billigschokolade beeinträchtigt den Geschmack des Backwerks. Für die Qualität ist jedoch nicht, wie oft vermutet, der Kakaoanteil einer Schokolade verantwortlich. Es gibt sehr gute Schokoladen mit geringem Kakaoanteil. Je heller die Schokolade ist, desto weniger Kakao und desto mehr Zucker enthält sie jedoch. Daher ist hellere Schokolade weicher als dunkle. Nach meiner Erfahrung ist der Preis ein relativ einfaches Mittel, um gute Schokolade zu erkennen.

**Schokolade schmelzen:** Schokolade wird über dem Wasserbad geschmolzen (siehe rechte Spalte Mitte). Man füllt einen kleinen Topf mit Wasser, erwärmt es auf dem Herd und stellt die Metallschüssel mit der Schokolade auf den Topf. Das Wasser im unteren Topf darf dabei nicht kochen und auch die Schüssel mit der Schokolade nicht berühren. Die Schokolade darf nicht zu heiß werden, damit sie nicht klumpt. Auch sollte kein Tropfen Wasser in die Schokolade kommen, denn das macht sie hart. Es genügt meist, drei Viertel der Schokolade zu schmelzen und die restliche zerkleinerte Schokolade in der bereits geschmolzenen Schokolade glatt zu rühren.

Für einen schönen **Glanz** gibt man etwas Butter oder Kokosfett in die geschmolzene Schokolade, das macht sie geschmeidiger.

Pure Schokolade muss man zum Verarbeiten **temperieren,** das bedeutet, dass man drei Viertel der Schokolade über dem Wasserbad auf etwa 45–50 °C erwärmt, dann das letzte Viertel der zerkleinerten Schokolade darin schmilzt und sie so auf 32 °C abkühlt. Bei dieser Temperatur kann sie dann verarbeitet werden, ohne dass sie ihren Glanz verliert oder sich unschöne weiße Streifen auf der Oberfläche bilden.

**Schokoladenglasur** lässt sich einfach selbst herstellen: 350 g Schokolade (70 % Kakaoanteil) und 225 g Butter in eine Metallschüssel geben. Über dem Wasserbad schmelzen, herunternehmen und abkühlen lassen. 225 ml Milch und 450 g Puderzucker verrühren. Unter die Schokoladenmasse rühren.
**Ganache** schmeckt toll als Kuchenbelag oder Tortenfüllung. Dafür etwa 200 g Schokolade mit 100 g Sahne über dem Wasserbad schmelzen, anschließend 50 g kalte Butter in Stückchen darin auflösen.

Am liebsten verwende ich für meine Kuchen eine **Karamell-Ganache:** 120 g Sahne in einem kleinen Topf aufkochen und von der Herdplatte nehmen. In einem größeren Topf 60 g Puderzucker bei mittlerer Hitze karamellisieren lassen. Sobald der Zucker beginnt flüssig zu werden, mit einem Holzlöffel umrühren, bis er sich vollständig aufgelöst hat. Die heiße Sahne dazugießen und dabei den Topf von der Herdplatte ziehen. Karamell umrühren, bis sich alle Stückchen wieder aufgelöst haben. Sollten sie sich nicht auflösen, noch einmal auf den Herd stellen und bei geringer Hitze rühren, bis alles flüssig ist. 1 EL Honig zugeben und ebenfalls auflösen. Je 100 g zerkleinerte Schokolade mit 50–60 % und mit 70 % Kakaoanteil in eine Schüssel geben. Mit der heißen Karamellflüssigkeit übergießen. 3 Minuten ruhen lassen und anschließend mit einem Schneebesen verrühren, bis die Schokolade sich aufgelöst hat. Zum Schluss 150 g Butter dazugeben und gut einrühren.

## Wasserbad

Ein Wasserbad wird nicht nur zum Schmelzen von Schokolade verwendet, auch verschiedene Cremes oder Eier werden im Wasserbad aufgeschlagen. Man verwendet es in der Regel, wenn etwas erwärmt werden soll, aber nicht zu heiß werden darf. Für das Wasserbad gibt es spezielle Töpfe, die jedoch nicht unbedingt notwendig sind. Am besten nimmt man einen Topf, auf den man eine Metallschüssel stellt. Den Topf füllt man mit Wasser. Bei Schokolade beispielsweise gibt man nur ganz wenig Wasser in den Topf, denn die Schüssel sollte das Wasser nicht berühren. Der Dampf reicht aus, um die Schokolade zu schmelzen und man kann dabei sicher sein, dass sie nicht zu heiß wird.

## Backen im Wasserbad

Käsekuchen beispielsweise werden im Wasserbad gebacken. Sie werden dafür in ihrer Form in eine tiefes Backblech gestellt, das man mit Wasser füllt. Die Form sollte dabei mindestens zur Hälfte, besser noch zu drei Vierteln mit Wasser bedeckt sein. Bei einer normalen Kuchenform, beispielsweise einer Springform,

ist es wichtig, dass diese mit Alufolie gut abgedichtet wird, damit kein Wasser eindringen kann.

## Tortenboden schneiden

Um aus Biskuit einen Tortenboden zu schneiden, ist ein gutes Messer erforderlich. Es sollte lang genug (für den Durchmesser der Torte), leicht geriffelt und vor allem scharf sein. Erst schneide ich von allen Seiten den Rand in gleicher Höhe etwas ein und durchtrenne den Boden dann vollständig. Man kann das auch mit einem festen Faden machen, indem man diesen an den angeschnittenen Rändern ansetzt und durch den Boden zieht. Außerdem gibt es im Handel Tortenbodenschneider, die die Böden mit einem Draht zerteilen. Diese Schneider garantieren zwar, dass die Böden gleichmäßig hoch sind, jedoch hat das bei mir noch nie so funktioniert, wie es eigentlich sollte. Auch die Fadenversion liegt mir nicht besonders. Ich mache es immer klassisch mit dem Messer.

## Geliermittel verarbeiten

Gelatine gibt es in Blatt- und in Pulverform. Ich verwende lieber Blattgelatine, weil man sie besser portionieren kann. Gelatine wird etwa 5 Minuten in etwas kaltem Wasser eingeweicht, anschließend ausgedrückt und mit erwärmter Flüssigkeit verrührt. Dafür nimmt man meist etwas, mit dem man die Creme aromatisieren möchte, wie z. B. Zitronensaft oder Alkoholika. Wichtig ist, dass Gelatine nicht zu heiß wird, weil sie dann ihre Gelierkraft verliert. In der Regel wird auch immer erst ein Teil der übrigen Creme mit der aufgelösten Gelatine verrührt, denn so verteilt sie sich besser. Also die Gelatine in Flüssigkeit auflösen, einen Teil der Creme dazugeben und glatt rühren. Dann kommt diese Mischung zur restlichen Creme und wird mit ihr verrührt.

Vegetarier können statt Gelatine als pflanzliches Geliermittel Agar-Agar verwenden, das aus Meeresalgen gewonnen wird und im Bioladen in Pulverform erhältlich ist. Agar-Agar besitzt eine höhere Gelierfähigkeit als Gelatine. Als Faustregel gilt: 6 Blatt Gelatine entsprechen einem ¾ TL Agar-Agar. Im Gegensatz zu Gelatine, die in heißer Flüssigkeit aufgelöst, aber nicht gekocht wird, muss Agar-Agar 1–2 Minuten kochen, um seine Gelierfähigkeit zu entwickeln. Nach dem Abkühlen geliert die Flüssigkeit sofort. Agar-Agar eignet sich jedoch nicht für die Zubereitung von Süßspeisen. die nicht erhitzt werden dürfen. Eine weitere pflanzliche Gelatine-Alternative ist Johannisbrotkernmehl (Biobon), das Cremes auch kalt bindet. Hier gilt: 1 g Johannisbrotkernmehl reichen für 100 ml kalte oder 200 ml warme Flüssigkeit.

Viele Tortencremes beinhalten geschlagene Sahne oder Eischnee. Diese Zutaten hebt man ganz am Schluss unter die Creme, wenn diese schon zu gelieren beginnt. Ist die Creme noch zu flüssig, geht die Luft in der Sahne oder im Eischnee verloren. Ist sie schon zu fest, ist das Unterheben nicht mehr möglich.

## Garprobe

Oft sieht man dem Kuchen von außen nicht an, ob er innen schon gar ist. Also macht man eine Garprobe.

Bei **Rührteigen** und Gugelhupf erkennt man, ob ein Kuchen gar ist, wenn man ein Holzstäbchen in den Kuchen steckt und wieder herauszieht. Bleibt kein Teigrest kleben, ist der Kuchen fertig.

**Biskuitböden** und -kuchen sind gar, wenn sich bei leichtem Druck mit den Fingern der Kuchen weich, aber nicht feucht anfühlt. Außerdem dürfen keine Druckstellen zurückbleiben.

**Hefeteig** ist gar, wenn man auf die Unterseite des Gebäcks klopft und es hohl klingt. Ebenso kann man, wie beim Rührkuchen, mit einem Holzstäbchen testen.

**Mürbeteigböden** sollten leicht gebräunt sein.

# Küchenausstattung

Wer viel bäckt, braucht nicht nur einen guten Ofen, der die Temperatur hält, und jede Menge Backformen, sondern auch allerlei andere Gerätschaften.

## Backformen

Backformen gibt es in unterschiedlichen Materialien, Formen und Größen. Welche Form ich verwende, richtet sich nach dem Teig, den ich backen möchte. Die wichtigste Backform ist die **Springform.** Sie wird nicht nur am häufigsten verwendet, sondern ist auch als Notlösung immer die beste Alternative. Springformen gibt es in Größen zwischen 16 und 32 cm Durchmesser. Am häufigsten werden die Größe 24 cm, 26 cm und 28 cm verwendet. Eine kleinere Form kann sehr praktisch sein, wenn man etwas ausprobieren möchte, nur eine halbe Rezeptmenge backen will oder zu viel Teig gemacht hat und einen Rest mitbacken möchte. Springformen mit Glasboden sind mittlerweile sehr verbreitet, denn das Glas wird beim Schneiden nicht beschädigt und man kann bei ihnen gut sehen, wenn der Kuchen noch nicht gar ist.

Wer häufiger Tartes bäckt, sollte sich eine **Tarteform** mit Hebeboden anschaffen. Der Hebeboden ist wichtig, denn Tarteböden zerbrechen sehr schnell, wenn man versucht sie aus der Form zu lösen. Die Form muss nicht unbedingt beschichtet sein, es genügt eine einfache Form, die im Handel wenig mehr als 10 Euro kostet (28 cm Ø). Es gibt sie in Größen zwischen 10 und 32 cm Durchmesser.

**Silikonformen** gibt es mittlerweile in allen Ausführungen zu kaufen. Sie sind eine tolle Sache für Gugelhupf oder Rührkuchen, die beim Stürzen leicht brechen oder sich schwer aus der Form lösen lassen. (Ich selbst verwende sie dennoch nicht gern, weil ich immer das Gefühl habe, dass die Kuchen den Geschmack der Form annehmen.) Für Mürbeteige oder Biskuitmassen, die sich am Rand festhalten sollen, um nicht abzusinken, sind sie dagegen nicht so gut geeignet.

Vielseitig einsetzbar als Backform sind **Tortenringe** und **Backrahmen** aus Metall. Diese sind meist größenverstellbar und man kann sie nicht nur zum Umspannen von Torten gebrauchen, sondern auch auf ein Blech mit Backpapier stellen und darin einen Kuchen backen. Da man die Größe des Kuchens dabei selbst einstellen kann und sich auch noch das Einfetten des Bodens spart, finde ich sie sehr praktisch.

## Handrührgerät / Stabmixer / Küchenmaschine

Das Handrührgerät ist beim Backen das wichtigste Küchengerät. Ich habe zwar eine ganz tolle Küchenmaschine, aber mit dem Handrührgerät habe ich das Gefühl, alles besser unter Kontrolle zu haben. Küchenmaschinen sind praktisch für große Mengen, aber auch für das Kaltschlagen von Cremes oder langes Kneten von Hefeteig. Ein Schneebesen zum Schlagen und Rühren ermöglicht diese Kontrolle zwar auch, jedoch kann es sehr mühsam und anstrengend sein, beispielsweise Sahne damit steif zu schlagen. Zum Zerkleinern und Pürieren wird manchmal auch ein Stabmixer gebraucht.

## Küchenwaage

Eine gute Küchenwaage zahlt sich immer aus, denn Backen ist Maßarbeit. Daher empfiehlt sich eine Digitalwaage mit Zuwiegefunktion. Ich finde es außerdem wichtig, dass sie nicht bei 2 kg schlapp macht, denn dann muss man ständig neue Schüsseln nehmen, um die Zutaten dazuzugeben. Waagen mit 5 und 10 kg Tragekraft sind ebenfalls im normalen Handel erhältlich und nicht unbedingt teurer.

## Back- oder Fleischthermometer

Bei Cremes und Ganache müssen manchmal Temperaturen exakt eingehalten werden. Dafür braucht man ein solches Thermometer. Solange es exakt funktioniert, ist es ziemlich egal, was man dafür nimmt.

## Kuchengitter

Man braucht es, damit das Gebäck gut abkühlen kann, denn auf einem Gitter bekommt es auch von unten Luft. Auch zum Abtropfen von Überzügen, beispielsweise bei der Pralinenherstellung, oder beim Überziehen einer Torte ist es ebenfalls sehr hilfreich.

## Kuchenunterlage

Möchte man einen Kuchen vom Boden einer Spring- oder Tarteform lösen, ist eine Kuchenunterlage aus Aluminium ein guter Helfer. Erst löst man den Rand mit einem Messer, dann kann man die Unterlage darunterschieben und damit den Kuchen auf eine Kuchenplatte transportieren. Unterlagen aus Plastik sind meist dicker und daher ist es schwieriger, sie unter den Kuchen zu schieben. Da das Herunterheben nicht ganz einfach ist, empfehle ich nicht so geübten Bäckern, den Kuchen – wenn möglich – bis zum Anschneiden lieber auf dem Boden zu lassen, auf dem er gebacken wurde.

## Messbecher

Ein guter Messbecher ist unerlässlich für das Abmessen von Flüssigkeiten. Sie sollten auch einen Becher für kleinere Mengen besitzen. Dafür eignet sich aber auch ein Babyfläschchen. Einige flüssige Zutaten, wie z.B. Sahne oder Buttermilch, können auch auf einer Küchenwaage abgemessen werden, da die Milliliter der Grammzahl entsprechen. Ein Messbecher aus Metall hat gegenüber Glas den Vorteil, dass man auch heiße Flüssigkeiten einfüllen kann.

## Pinsel

Backpinsel gibt es mittlerweile aus Silikon, was eine tolle Erfindung ist, denn so bleiben keine Haare mehr an den Formen kleben, wenn man sie einfettet. Außerdem lassen sich Silikonpinsel besser säubern.

## Reibe

Seit einigen Jahren gibt es wunderbare schmale Reiben in Stab- oder Röhrenform. Man kann damit direkt über dem Topf oder der Schüssel reiben. An ihnen bleibt auch nicht so viel hängen wie an den flachen Reiben.

## Schneebesen

Schneebesen in mindestens zwei Größen gehören beim Backen auf jeden Fall zur Grundausstattung. Ich benutze sie zwar nicht zum Aufschlagen von beispielsweise Sahne, das ist viel zu mühsam. Aber beim Verrühren aller möglichen Cremes, Teig, Kompott etc. sind Schneebesen ein tolles Werkzeug.

## Rührschüsseln

Zum Rühren von Teigen ist es wichtig, dass die Backschüsseln einen guten Halt haben (also eventuell einen Gummirand am Boden) und nicht so leicht umfallen. Ob Plastik oder Porzellan ist Ansichts- und Geschmackssache.
Metallschüsseln eignen sich gut für das Aufschlagen von Sahne, da man sie im Kühlschrank vorkühlen kann. Auch für Eischnee sind sie ideal, denn sie haben keine Rillen, in denen sich Fettreste verstecken könnten, die das Steifwerden des Eiweißes verhindern würden. Und für Zubereitungen im Wasserbad sind Metallschüsseln sowieso unerlässlich.

## Siebe

Ein feines Sieb braucht man zum Beispiel, um Mehl und Puderzucker zu sieben. Das muss kein spezielles Backsieb sein, auch ein normales Haushaltssieb tut seinen Dienst. Außerdem benötigen Sie in zwei größere Siebe zum Abtropfen oder Passieren.

## Spritzbeutel

Spritzbeutel mache ich mir selbst aus Gefrierbeuteln, in die ich unten ein Loch in der gewünschten Größe schneide. Das hat nicht nur den Vorteil, dass es billiger ist, sondern auch, dass man den Beutel hinterher nicht säubern muss. Möchte man jedoch einen dekorativen Rand aufspritzen, braucht man einen richtigen Spritzbeutel. Es gibt sie meist im Set mit Tüllen in verschiedenen Größen und Formen. Um einen Spritzbeutel (oder Gefrierbeutel) zu füllen, stellt man ihn am besten in eine Tasse und stülpt den Rand um.

## Nudelholz (Teigrolle)

Da ich Teig meist zwischen zwei Lagen Frischhaltefolie oder Backpapier ausrolle, ist das Material der Rolle nicht von Bedeutung. Benutze ich keine Folie, bevorzuge ich eine Silikonrolle, da an ihr weniger kleben bleibt. Es gibt mittlerweile sogar Teigrollen mit umklappbaren oder abnehmbaren Griffen, sodass man den Teig auch auf dem Blech oder in der Form ausrollen kann.

## Teigschaber / Spatel

Teigschaber sind ideal, um Zutaten unter einen Teig zu heben, die man nicht umrühren darf, wie z.B. Eischnee. Außerdem kann man mit dem Teigschaber den Teig vollständig aus der Schüssel kratzen und in der Form glatt streichen. Es gibt Teigschaber im Handel in unterschiedlichen Größen. Sie sollten mindestens zwei davon besitzen – auch einen kleinen, weil Sie damit z.B. Joghurt, Frischkäse usw. bis zum letzten Rest aus der Verpackung schaben können. Als Material ist Silikon besonders beliebt. Man kann sie dann auch bei heißen Zutaten verwenden,

und es ist so schön biegsam. Außerdem ist ein Metallgriff einem Holzgriff vorzuziehen – wegen der Hygiene und weil der Teigschaber dann in die Spülmaschine kann.

# Tipps für die Kuchendeko

Beim Dekorieren verwendet man nach Möglichkeit Zutaten, die auch im Kuchen enthalten sind. Das passt auf jeden Fall und sieht schön aus.

### Früchte

Sind Früchte oder Beeren im Kuchen, immer etwas davon für die Garnitur beiseitelegen. Auch Kuchen und Torten mit Cremes können durch ein paar Beeren optisch ganz schnell aufgepeppt werden. Früchte lassen sich zudem mit einer Zuckerkruste veredeln und sehen dann z. B. auf Torten sehr schön aus. Dazu die Früchte erst in Eiweiß, dann in Zucker wälzen. Außerdem kann ganz man dünne Obstscheiben mit Puderzucker bestäuben und im Backofen trocknen.

### Blüten und Blütenblätter

Zuckerblüten gibt es fertig zu kaufen, sind aber auch ohne Probleme selbst herzustellen. Man braucht saubere unbehandelte Blüten oder Blütenblätter, die erst durch Eiweiß gezogen und anschließend mit Zucker bestreut werden. Über Nacht trocknen lassen. Besonders beliebt sind dafür Rosen, Rosenblätter und Veilchen.

### Nusskerne

Sind Nusskerne oder Mandeln Bestandteil des Backwerks, bietet es sich an, diese auch zum Dekorieren zu verwenden. Es gibt sie in allen möglichen Formen fertig zu kaufen gibt: gehackt, gehobelt oder gestiftelt. Das Rösten in einer Pfanne ohne Fett bringt etwas Farbe und Aroma ins Spiel.

### Marzipan

Will man eine Torte eindrucksvoll dekorieren, verwendet man häufig Marzipan dafür. Es lässt sich gut formen, mit Lebensmittelfarbe färben und relativ einfach zu Figuren, Blumen und so weiter verarbeiten. Marzipan liefert zudem einen feinen Mandelgeschmack und dient daher nicht nur der Dekoration.

### Fondant

Von der Konsistenz eignet sich für Überzüge oder Figuren Fondant ebenso gut, wenn nicht sogar besser als Marzipan. Fondant ist eine Zuckermasse, die es in allen Farben fertig zu kaufen gibt. Ich persönlich finde allerdings Fondant nicht so lecker, da es einfach nur süß schmeckt.

### Schokolade

Um schnell einen Kuchen zu verschönern, kann man geraspelte Schokolade daraufstreuen. Ich schäle dafür von einem Riegel Schokolade mit einem Sparschäler dünne Raspel ab. Legt man die Schokolade vorher in den Kühlschrank, lässt sie sich besser weiterverarbeiten, dann kann sogar Schokolade mit Füllung verwendet werden. Besonders praktisch ist, dass man die Geschmacksrichtung der Schokolade auf den Kuchen abstimmen kann – einfach für einen Espressokuchen Kaffeeschokolade, für eine Erdbeertorte Erdbeerschokolade nehmen. Außerdem kann man mit den verschiedenen Farbtönungen von weißer Schokolade, heller Vollmilchschokolade und dunkler Bitterschokolade wunderbar spielen. Eine nette Deko für Torten sind auch fertige Pralinen.

### Schablonen

Einfache Kuchen lassen sich mithilfe einer Kuchenschablone aus dem Haushaltswarenladen sowie Puderzucker, Zimt oder Kakao optisch ganz schnell aufwerten. Aber auch im Bastelgeschäft oder Baumarkt findet man viele Schablonen.

### Fertigdeko

Im Handel gibt es ein breites Sortiment an Schokogarnitur, Marzipan- und Zuckerfiguren. Mit etwas Fantasie kann man auch schnell aus allerlei Süßigkeiten eine schöne Verzierung zaubern.

# Gesundes Backen

Viele mögen Süßes – und machen sich gleichzeitig Gedanken über Fett, Zucker und Kalorien. Mit etwas Experimentierfreude lassen sich aber beim Backen ganz einfach Kalorien sparen. So gibt es bei den Grundteigen ab Seite 248 , wo immer es möglich ist, auch eine fettarme Variante. Ein Hefeteig ohne Fett, reichlich mit Früchten belegt, schmeckt nicht nur sehr lecker, sondern ist auch im Rahmen einer gesunden Ernährung durchaus vertretbar.

Bei jedem Kuchen lässt sich durch fettarme Milch, fettarmen Joghurt oder Magerquark **Fett sparen.** Oft gibt es dabei keinen geschmacklichen Unterschied zu den fettreichen Alternativen. Manche Kuchen gelingen auch mit Halbfettbutter, oft kann man den Butteranteil reduzieren oder sie ganz weglassen. Bei einigen Teigen kann man einen Teil der Butter durch Quark (z. B. bei Mürbeteig) oder Apfelmus (z. B. bei Rührteig) ersetzen. Für Menschen mit hohen Cholesterinwerten gibt es Teige, in denen Pflanzenöl statt Butter verwendet wird.

Beim **Mehl** lassen sich alle Teige statt mit Weizenmehl der Type 405 problemlos mit Type 550, 1050 oder mit Dinkelmehl herstellen. Manchmal wird dann ein Tick mehr Flüssigkeit gebraucht. Vollkornmehl ist für feine Teige wie Biskuit allerdings ungeeignet, weil es die Teigstruktur zu sehr verändert. In den meisten Rührkuchen kann es aber gut eingesetzt werden, wenn ein wenig mehr Flüssigkeit zugesetzt wird, weil das Vollkornmehl stärker aufquillt.

**Zucker** im Kuchen ist ein schwieriges Thema, weil die Geschmäcker so unterschiedlich sind. Ich bekomme oft zu hören, dass meine Kuchen sehr süß seien. Wahrscheinlich mag ich das einfach. Seit ich im Café direktes Feedback bekomme, weiß ich aber, dass viele Leute, wenn sie sich ab und zu etwas Süßes gönnen, auch etwas wirklich Süßes möchten. Bäckt man für sich selbst, ist das kein Problem – man kann ohne Weiteres den Zuckeranteil der Kuchen reduzieren. Und man kann Zucker auch ersetzen, viel gesünder wird ein Kuchen dadurch jedoch kaum. Natürlich hat Honig mehr Nährstoffe als weißer Zucker, das spielt jedoch für die Gesundheit kaum eine Rolle, wenn man sich ab und zu ein Stückchen Kuchen gönnt. Ich verwende andere Zuckersorten eher aus geschmacklichen Gründen. So gibt brauner Vollrohrzucker einen kräftigen, leicht karamelligen Geschmack. Muscovadozucker schmeckt ebenfalls kräftig und leicht malzig. Honig hat – je nach Sorte – einen bestimmten Eigengeschmack und ist zudem süßer als Zucker. Mit Süßstoffen und Zuckerersatzstoffen habe ich wiederholt experimentiert

und festgestellt, dass die meisten Sorten einen unangenehmen Eigengeschmack besitzen.

**Glutenfreie Kuchen** verzichten auf Mehle mit Klebereiweiß. Sie lassen sich auch gut variieren und abwandeln.

**Vegane Kuchen** enthalten überhaupt keine tierischen Produkte wie Eier oder Milchprodukte, sondern Pflanzenöl.

**Laktosefreie Milchprodukte** für Menschen, die keinen Milchzucker vertragen, können beim Backen problemlos normale Milch, Joghurt und Quark ersetzen. Es gibt keinen Geschmacksunterschied im Backwerk. Butter kann man gegen Margarine austauschen.

# Backzutaten umrechnen

Es gibt die unterschiedlichsten Gründe, sich nach einer Umrechenformel für Backformen umzusehen: Man hat ein tolles Rezept für eine 30er-Tarteform, besitzt aber nur eine Form mit 26 cm Durchmesser. Oder man möchte für die kleine Kaffeerunde einen kleinen anstelle eines großen Kuchens backen. Oder man denkt, Omas tolles Blechkuchenrezept wäre genau das Richtige für den Sonntagsbrunch – aber nur in Springformgröße. Wenn man nur wüsste, wie man die Zutatenmengen anpasst ... Das ist gar nicht so kompliziert: Man braucht nur einen Taschenrechner und ein bisschen Mathematik. Damit vergleicht man die Flächen der verschiedenen Backformen. Dazu muss man bei Backblechen wissen, wie lang die beiden Seiten sind. Diese Seitenlängen werden miteinander multipliziert.
Fläche Backblech:   Länge × Breite

**Beispiel Fläche Backblech:**   35 cm × 45 cm = 1.575 cm²

Bei Springformen benötigt man den Kreisradius r, der der Hälfte des Durchmessers entspricht. Multipliziert wird mit der Zahl π (sprich Pi), die ungefähr dem Wert 3,14 entspricht. (Die vielen Stellen nach dem Komma brauchen wir beim Backen nicht.)
Die Formel für die Fläche lautet:   $r × r × π$

**Beispiel Fläche Springform, 28 cm Ø:**   14 cm × 14 cm × 3,14 = 615,44 cm²

Will man nun einen Backblechkuchen in der Springform backen, muss man die beiden Flächen ins Verhältnis setzen. Dazu wird die Fläche der Springform durch die Backblechfläche geteilt. So erhält man den Faktor, mit dem man die Zutaten vom Backblechrezept multiplizieren muss, um die richtige Teigmenge für die Springform zu ermitteln.

**Umrechenfaktor:**   615,44 : 1.575 = 0,39

**Beispiel:**   400 g Mehl beim Backblech × 0,39 = 156 g bei der Springform
200 g Zucker beim Backblech × 0,39 = 78 g bei der Springform

Ein bisschen auf- oder abrunden kann man die Grundzutaten natürlich. Bei Salz oder Gewürzen wird einfach minimal angepasst. Für die gängigen Backformen und Bleche hier eine praktische Umrechentabelle.

**Größe der Form im Rezept (Ø / Länge × Breite) →**

| | | 14 | 18 | 20 | 24 | 26 | 28 | 30 | 32 | 35 × 45 | 35 × 40 |
|---|---|---|---|---|---|---|---|---|---|---|---|
| | **14** | 1 | 0,61 | 0,49 | 0,34 | 0,29 | 0,25 | 0,22 | 0,19 | 0,10 | 0,11 |
| | **18** | 1,65 | 1 | 0,81 | 0,56 | 0,48 | 0,41 | 0,36 | 0,32 | 0,16 | 0,18 |
| | **20** | 2,04 | 1,23 | 1 | 0,7 | 0,6 | 0,51 | 0,44 | 0,39 | 0,20 | 0,22 |
| | **24** | 2,94 | 1,77 | 1,44 | 1 | 0,85 | 0,73 | 0,64 | 0,56 | 0,29 | 0,32 |
| | **26** | 3,45 | 2,08 | 1,69 | 1,39 | 1 | 0,86 | 0,75 | 0,66 | 0,34 | 0,38 |
| | **28** | 4,00 | 2,41 | 1,96 | 1,36 | 1,16 | 1 | 0,87 | 0,77 | 0,39 | 0,44 |
| | **30** | 4,59 | 2,77 | 2,25 | 1,56 | 1,33 | 1,15 | 1 | 0,88 | 0,49 | 0,51 |
| | **32** | 5,22 | 3,15 | 2,56 | 1,78 | 1,52 | 1,31 | 1,14 | 1 | 0,51 | 0,57 |
| | **35 × 45** | 10,24 | 6,19 | 5,02 | 3,48 | 3,22 | 2,56 | 2,23 | 1,96 | 1 | 1,13 |
| | **35 × 40** | 9,10 | 5,50 | 4,46 | 3,10 | 2,64 | 2,27 | 1,98 | 1,74 | 0,89 | 1 |

*(linke vertikale Beschriftung: ← Gewünschte Größe der Form (Ø / Länge × Breite))*

Ø-Angaben für Spring- und Tarteformen, Länge × Breite für Backbleche. Alle Angaben in cm.

# Register

**Annik Wecker** liebte schon immer alles, was süß ist. Ihr erstes Buch **Anniks göttliche Kuchen** wurde zum Bestseller und 2010 mit dem Gourmand World Cookbook Award als bestes erstes Kochbuch/Deutschland ausgezeichnet. Es folgten **Raffinierte Tartes** in Zusammenarbeit mit Alfons Schuhbeck, **Geschenke aus meiner Küche**, **Anniks göttliche Desserts**, **Meine besten Eisrezepte** und **Kleine süße Sachen**.

Im Internet: www.annik.de

London, New York, Melbourne, München und Delhi

Bibliografische Information Der Deutschen Bibliothek
Die Deutsche Bibliothek verzeichnet diese Publikation in der Deutschen Nationalbibliografie; detaillierte bibliografische Daten sind im Internet über http://dnb.ddb.de abrufbar.

© Dorling Kindersley Verlag GmbH, München, 2013

**Text und Fotografie** Annik Wecker
**Porträtfotos** Thomas Karsten, München
**Lektorat und Redaktion** Claudia Krader, München
**Gestaltung, Typografie, Realisation** Silke Klemt, Fürth

Für den Dorling Kindersley Verlag
**Programmleitung** Monika Schlitzer
**Projektbetreuung** Gabriele Kalmbach und Elke Homburg
**Herstellungsleitung** Dorothee Whittaker
**Herstellung** Anna Ponton
**Herstellungskoordination** Claudia Rode

**Repro** Repro Ludwig Prepass & Multimedia GmbH, Zell am See
**Druck und Bindung** Firmengruppe Appl, aprinta Druck, Wemding

ISBN 978-3-8310-2441-4

Besuchen Sie uns im Internet
**www.dorlingkindersley.de**